Richard Meier

Editorial Gustavo Gili, S.A.

08029 Barcelona   Rosselló, 87-89. Tel. 322 81 61
México, Naucalpan 53050   Valle de Bravo, 21. Tel. 560 60 11

richard meier

Silvio Cassarà

GG®

Traducción del italiano autorizada por Nicola Zanichelli Editore, S.p.A., Bologna/
Authorized translation from Italian language edition published by Zanichelli

Traducción/Translation
Antoni Solanas, arqto./Graham Thomson

Concepto gráfico de la cubierta/Cover graphic concept
Quim Nolla

Fotografía de la cubierta/Cover photograph:
Museo de Arte Contemporáneo de Barcelona de/
Museum of Contemporary Art, Barcelona by
Xavier Güell

Coordinación editorial de/Edited by
Anna Piccinini/Umberto Tasca
Fotografía: © ESTO, New York

© 1995 Nicola Zanichelli Editore, S.p.A., Bologna
      and for this updated edition Editorial Gustavo Gili, S.A., Barcelona 1997

ISBN: 84-252-1693-1
Depósito legal: B 15.924-1997
Printed in Spain by Ingoprint, S.A. - Barcelona

Índice

Index

Las formas del intelecto

The Forms of the Intellect

Cuando, a principios de los años sesenta, aparecen los primeros proyectos de Richard Meier, comienzan a notarse signos de inquietud innovadora en el escenario americano, cronológicamente el último en saborear una más intensa colaboración con los grandes emigrantes de la arquitectura europea. Estremecimientos que ya no se ocultan e inquietudes mal encubiertas, previsibles sin embargo, subsiguientes al injerto en el potente panorama estadounidense posbélico del neoclasicismo tecnocrático de Mies y del racionalismo romántico de Gropius, para utilizar la definición de Kenneth Frampton. Panorama local que *Architectural Record*, en su número dedicado a 40 años de arquitectura, decía estar hecho de "*magic, nostalgia, and a hint of greatness*".
Es el momento del abandono de las certezas y de la actividad silenciosa que la llamada "generación del medio" –la de Pei, Cobb, Franzen, Barnes y de los TAC– ha gestado casi mecánicamente a la sombra protectora de los grandes maestros, mediante la utilización de un lenguaje indirecto suficiente para garantizar una especie de autonomía convenida, y capaz de consentir áreas de "experimentación" en términos dignamente válidos en el propio entorno. El mito de la tecnología se tambalea, aunque no para todos –no para Skidmore, Owings y Merrill– mientras el paso abierto en el muro de la historia por la crisis de los grandes (el Pan Am Building se alza ya en Park Avenue) y por la presencia embarazosa de un testimonio silencioso como Kahn, permite mucho más que miradas fugaces y salidas contenidas, como la de Rudolph en el barroco.
Es más bien una tácita invitación a traspasar el umbral de las experimentaciones, afianzadas por transmitirse en el estanque de la memoria colectiva, individual, simbólica o cargada de abstracciones.
Esta es una historia siempre menos *shingle*: la generación del medio ha cumplido natural-

When Richard Meier's first projects saw the light of day in the early sixties, signs of restless innovation were beginning to appear on the American scene, chronologically the latest scene relishing a more intense collaborative engagement with the great Émigrés of European architecture.
These tremors that were no longer concealed, that thinly disguised restlessness, were clearly to be expected as a consequence of the introduction of the technocratic neoclassicism of Mies and the Romantic rationalism of Gropius –to borrow Kenneth Frampton's useful definition –into the potent panorama of the post-war United States. A local panorama that *Architectural Record*, in its review of 40 years of architecture, described as a composite of "magic, nostalgia and a hint of greatness".
This was a time for throwing off the old certainties and the silent activity that the socalled "middle generation" –exemplified by Pei, Cobb, Franzen, Barnes and the TACs– had gone on almost mechanically producing in the protective shadow of the great masters, with an indirect language just sufficient to ensure a kind of mutually concerted autonomy, and capable of embracing areas of "experimentation" in terms decently appropriate to the context. The myth of technology was tottering, although not for all –not for Skidmore, Owings and Merrill– and the breach opened in the wall of history by the crisis of the great (the Pan Am Building was already towering over Park Avenue) and by the awkward presence of a silent witness, Kahn, was permitting much more than the sideways glances and brief sallies, such as Paul Rudolph's baroque excursion.
It was more a situation of tacit invitation to cross the threshold of experimentation, pool of memory –collective, individual, symbolic or laden with abstraction of whatever kind.
This is a history always minus the shingle style: the middle generation exercised its

mente su función de bisagra, de ningún modo subestimable; a la generación posterior, a la que pertenecen los más importantes arquitectos contemporáneos, le corresponde simplemente "elegir" y le aguarda una incomodidad propia de la época, que alguno de sus exponentes parece todavía arrastrar inconscientemente. Al aparecer, el tono y las dimensiones "suspendidas" de los blancos lienzos de la casa Smith y de otros proyectos realizados parecen recibir una fría acogida en el ámbito de la proyectación culta americana. El fenómeno es visto como una situación intelectualmente marginal, fruto de una exagerada elaboración estilística y relegado, en cuanto tal, a sobrevivir o agotarse en la clase altoburguesa que se agolpa en las *mansions*, también blancas, del *upstate* de Nueva York o de Long Island. Con lo que, inconscientemente, se establece una analogía segura y una precisa relación entre el *shingle style* y las primeras residencias de Meier.

La elaboración que él hace de la estructura habitable es percibida en sus inicios como un sobresalto; un purismo de importación europea; como un ensayo de composición arquitectónica; ejemplo de la complejidad y el refinamiento de interpretación del rigor de matriz lecorbuseriana. Formas; sólo formas.

Sin embargo, Meier no está solo. Los blancos prosélitos del estilo internacional incluyen personajes relacionados, si no por el currículum, por lo menos por afinidades culturales y por una especie de iniciación común: el debut en el museo de Arte Moderno de Nueva York y su vínculo con una historia todavía presente y vecina (Meier ha trabajado con Breuer; Eisenman en Cambridge con los TAC; Hejduk con Pei).

El núcleo de los Five, mera sigla que Tafuri en 1976 veía como balsa de salvación común y como táctica profesional forzada, tiene en los años sesenta contactos recientes con la generación del medio.

Que el movimiento moderno como movimiento pueda ser una isla para naufragios colectivos o bien arca de salvación individual, que pueda funcionar como sólido muelle de atraque para epidérmicas nostalgias, está todavía por demostrar. Pero la imagen es eficaz en su cinismo; los socios del OMA, atentos estudiosos y radiólogos del fenómeno metropolitano neoyorquino y de su neurosis en aquellos años, hacen frecuentes referencias del mismo en sus trabajos: desvitalizan las imágenes símbolo del optimismo de ultramar —los rascacielos— y reducen el *skyline* a simple testimonio de un evento más evocado que catárticamente real.

allotted and entirely estimable function as a hinge; for the generation that followed, the generation of the most important contemporary architects, it was simply a matter of "choosing" and of an unease with the times that certain of its members even now seem not to have shaken off. When they first appeared, the tones and "suspended" dimensions of the white walls of the Smith house and the other built projects seem to have been accorded a cool reception within the sphere of American serious architecture. The phenomenon was regarded as intellectually marginal, the product of an exaggerated stylistic development, and relegated to survive or exhaust itself in the upper class enclaves of upstate New York and Long Island. Thus, unconsciously, a firm analogy was established between the shingle style and Meier's first houses.

Meier's elaboration of the habitable structure was initially perceived as the shock of a purism of exclusively European extraction; as an elegant exercise in architectural composition; an extreme instance of the complexity and the refinement of interpretation of the rigour invoked by Le Corbusier. Forms; nothing but forms. Nevertheless, Meier was not alone. The white adherents of the International Style included individuals linked to one another if not by curriculum then at least by cultural affinities and a kind of shared initiation: exhibition in the Museum of Modern Art in New York and connections with a history that was still present and immediate (Meier worked with Breuer; Eisenman in Cambridge with the TAC; Hejduk with Pei).

The nucleus of the Five, the mere cipher that Tafuri saw in 1976 as a mutual life-raft and a deliberate career tactic, had in the sixties direct contact with the middle generation. The possibility that the Modern Movement as a design approach might be a collective desert island for the shipwrecked or an ark of individual salvation, that it might serve as a solid dock for a superficial nostalgia —all that had still to be demonstrated. But the image was effective in its cynicism; the partners in OMA, attentive scholars and radiographers of the New York metropolitan phenomenon and its neuroses of those years made frequent reference to it in their designs: they devitalised those images that symbolized the optimism of the New World —the skyscrapers— and reduced the skyline to the mere witness to an event more evoked than cathartically real.

It was the intellectualization of nothing,

Es la intelectualización de la nada, casi una especulación sobre una condición presagiada, y todo lo más provocada, incluso antes de realizarse. Pero expresa mejor las aspiraciones y frustraciones de la ciudad –una metrópoli a lo Lang– cuyas tantísimas memorias parecen estar bajo la misma posición o línea de partida: y entre éstas hay algunas "excelentes".

John Hejduk respondiendo a tímidos interrogantes en 1975 afirmaba sentirse "culturalmente" en los años treinta, pictórica y arquitectónicamente. Para algunos, escandalosamente. Giurgola había ya tronado desde las columnas de Forum contra el indiscreto encanto de la nueva burguesía. Pero la "condición histórica" es común.

Los primeros proyectos de la llamada parte contraria de los Whites, los Greys o contextualistas, se mueven muy bien en el interior de estilemas análogos y sofisticados. La casa Guild, de Venturi, los primeros proyectos "ortodoxos" de Stern o Hoppner son la prueba; el movimiento moderno no es sólo una muleta.

En Venecia, en una de las mejores bienales que se han dedicado nunca a la arquitectura, los dos continentes –Europa y América– se confrontan y se estudian; el panorama de las líneas de tendencia está ya definido, a pesar de que como dice Neil Simon "todo está en su sitio y nada está en orden".

En Venecia terminan los momentos tácticos de las "premisas", de los manifiestos de intenciones, del psicoanálisis: la caja de Pandora está abierta. En contraste con una América encerrada en el estudio de los problemas aunque sea a pequeña escala y de lenguaje, hallamos una Europa aún teórica, orientada a definir el "sentido del problema" arquitectónico y a reflejarlo en la escala territorial.

La cita deja al descubierto –como era de prever– muchos martinitt y señala el inicio de un cambio. Italia continuará, todavía algunos años, desenvolviéndose en el atolón del diseño, mientras el frente arquitectónico se ahogará, salvo raras excepciones, en el neorracionalismo de molde absolutista: aquel que, haciendo de cada rigorismo un paquete, insta a la expoliación de todos los elementos más expresivamente lingüísticos de la arquitectura y hace casi surreal la función, reduciendo el valor semántico a la máxima uniformidad expresiva.

Una escuela puede ser parecida a un edificio de oficinas y este último a una residencia, o sea: la estructura constructiva quiere desenvolver un papel prevalentemente urbano, pla-

virtually a speculation on a condition that was presaged and in the event provoked, even before it manifested itself. But what it best expresses are the aspirations and frustrations of the city –a metropolis in the Fritz Lang manner– whose innumerable memories all seem to take the same line, and amongst these there are some that are "excellent".

John Hejduk responded to some timid questioning in 1975 by saying he felt himself "culturally" in tune with the 1930s, both in painting and in architecture, to the outrage of some. Giurgola had already unleashed his wrath in the columns of Forum against the indiscrete charm of the new bourgeoisie. But the "historical condition" is shared.

The first projects produced by the so-called opposition to the "Whites", the "Greys" or contextualists, operated well within the confines of analogous and sophisticated stylistic tropes. The Guild house by Venturi, the first "orthodox" projects by Stern or Hoppner provided the evidence: the Modern Movement is not simply a crutch.

In Venice, at one of the best biennials ever devoted to architecture, the two continents of Europe and America confronted and examined one another; the panorama of lines of orientation and tendency was already defined, albeit in the sense of Neil Simon's remark, "everything's ready and nothing's in order".

Venice saw the end of the tactical moments of the "premisses", of the manifestos of intentions, of the psychoanalysis: Pandora's Box had been opened. In counterpoint to an America locked in the study of problems at the small scale and of language was an equally theoretical Europe, oriented towards defining "the meaning" of the architectural "problem" and reflection on the territorial scale.

The encounter left the field strewn –as was to be expected– with martinitt, and signalled the beginnings of a turnaround. Italy was to carry on for a few more years on the atoll of design, while the architectural front was swamped –with one or two exceptions– by the most absolutist neo-rationalism; a neo-rationalism that, gathering together its different dogmatic rigours, concerned itself with paring down architecture's most linguistically expressive elements and rendering functions almost surreal, concealing the semantic value behind the most complete uniformity of expression.

A school might look like an office building, which might in turn look like housing; in other words, the built structure set out to play a

nificando la tipología y reduciéndola a una rígida secuencia de elementos a 90 grados. El monumento es el único superviviente de la presunta nueva condición urbana, aunque también se opera en él una síntesis de las tensiones de lo construido que a menudo es forzada. Pocas estructuras pueden presentarse como candidatas a ejercer papeles urbanos de forma preconstituida y prevista.

Mientras el rossiano Teatro del Mondo desfila en el crepúsculo lagunar, casi para dar por terminado el momento de las "suspensiones absolutas", en América los "sollozos" de la historia se suceden ininterrumpidamente, reivindicando un derecho a la imagen y un hedonismo profesional por otra parte nunca negado.

El primer *round* que la nueva generación ha encajado con el complejo mundo de la realidad parece terminar al inicio de los años setenta. Pero no para todos.

Cuando en 1976 la Oxford University Press publica una primera selección de proyectos y de arquitecturas realizados por Richard Meier en el período de diez años, éstos incluyen una experiencia suficientemente completa e indicativa de las premisas de partida. El mismo Meier suscribe en las primeras páginas que este libro es el registro de *design intentions and evolving situations.* Lo cual se confirmará de forma extraordinaria. La afirmación, hecha desde las páginas de *Architectural Record* durante los años cuarenta, es ya sólo válida en parte.

La *magia* de Meier es un hecho intrínseco a la estrategia de la complejidad, que él elabora siguiendo aquellos esquemas que Colin Rowe parecía preconizar ya en los años cincuenta; el de las *machines à habiter* "contextuales", donde la ausencia de color –el blanco o como máximo la neutralidad centelleante del aluminio– define una situación de carácter surrealista.

La atención prestada a la continua relación entre naturaleza real y naturaleza artificial revela la singularidad de la operación dirigida a canalizar algunos esquemas ideales –léase modernos– en el seno del filón del patrón romántico tradicionalmente anglosajón (piénsese en la blanca arquitectura de Nueva Inglaterra) creando una contextualidad quizás más sutil, pero no menos profunda que la de las arquitecturas que se declaran manifiestamente como tales.

La facilidad con la que los primeros proyectos de carácter público se acomodan en el tejido urbano confirma el secreto de este "racionalismo wrightiano" nunca ambiguo.

Aquí la conexión entre "memoria" y "situa-

predominantly urban role, planning out the typology and reducing it to a rigid sequence of elements at 90° to one another. The monument was the only survivor to escape this new urban condition. It was made the locus for an often forced synthesis of the tensions of the built; only a few structures were in a position to present themselves as candidates for an urban role in any preordained and prospective fashion.

While Rossi's *Teatro del Mondo* was under the spotlight in the darkening lagoon, almost as the concluding act of the moment of "suspended absolutes", in America the "hiccups" of history followed one another in uninterrupted succession, affirming a right to the image and a professional hedonism that was never denied.

For the "new generation", the first round in the ring with the complex world of reality seemed to have ended in the Seventies even before it got started. But not for all.

When in 1976 the Oxford University Press published a first selection of projects and architectures produced by Richard Meier over the previous ten years, this turned out to be a fairly complete and indicative revelation of the underlying direction. Meier himself wrote on page one that the book was a record of "design intentions and evolving situations", a statement that was to prove extraordinarily accurate. The assertion made by the *Architectural Record* in reviewing 40 years of architecture was now only valid in part.

The *magic* of Meier is an intrinsic factor in the strategy of complexity he adopted on the basis of those forward-looking schemes drawn up by Colin Rowe in the 1950s; that of the "contextual" *machines à habiter*, in which the absence of colour –white or at most the neutral sheen of aluminium– defines a situation of surreal fruitfulness.

The attention bestowed on the continuing relationship between real and artificial nature reveals the exceptional aspect of the operation directed at introducing various ideal –i.e. modern– schemes into the traditionally Romantic mainstream of Anglo-Saxon architecture (as in the white architecture of New England) to create a perhaps subtler but no less profound contextuality than that of the architectures that manifestly laid claim to that character.

The easiness with which the early projects of a public character installed themselves in the urban fabric confirmed the secret of this at no time ambiguous "Wrightian rationalism".

Here the communication between "memory" and "situation" is constant, and a stratagem

ción" es constante. Es una estratagema que permite a Meier estar siempre conectado a cada situación específica sin traicionar ninguna de las premisas proyectuales adoptadas, y poder afirmar que sus proyectos son, exactamente, *evolving situations.* Que en cuanto tales no temen a la dimensión ni a su emplazamiento, sino sólo al sentido y valor espacial de la intervención: valor que quizás nos hace recordar una modesta pero existente *hint of greatness.*

"Vestigio de grandeza" capaz de fagocitar otro vestigio, el de la nostalgia, inherente en las acuarelas de Hejduk y, en cierto modo, en la condición existencial americana, sean cuales fueren el *estatus* y los orígenes. Condición que, como en los escritos de Thoreau, busca en la casa una forma de orgullosa pero reciclada *solitude,* y que desde Wright a Neutra intenta crear un canal privilegiado entre el ser y el habitar; en sintonía con una fruición completa –mental y física– en el interior de situaciones habitables a veces convencionales y triviales y otras veces absolutamente masificadas, como en muchos suburbios de las metrópolis. Aquellas que Venturi reproducía sin piedad negándose a llevar la discusión a niveles que no fuesen los universalmente impuestos por los *media,* e interpretando de manera diversa un problema para Meier ineluctable: cómo conseguir que la arquitectura culta pueda clarificar su propia condición y situación lingüística.

Con Meier, más que con otros, la densidad de la enseñanza, la condición cultural general de la ya reconocida generación del medio, aparece de manera evidente tal y como demuestra su primer libro.

Las primeras realizaciones, aquellas sólo fotografiadas, aquellas de álbum de familia como la casa Essex Fells o el primer estudio, muestran la más completa absorción de los últimos vestigios del minimalismo funcional compuesto y, al mismo tiempo, del contextualismo ambiental en línea con un Gropius tardío. Simples ejercicios tácticos, que confluyen en la casa Smith, en la que la proyectación demuestra una primera puesta a punto de este particular sistema de "cientificación" poética de la construcción.

Tenemos, por primera vez, una buena muestra del organigrama de la serie de funciones; pero no es, en cuanto mero instrumento, un elemento intrínsecamente revolucionario. Gwathmey & Siegel siguen en el fondo el mismo recorrido, pero como se verá en el curso de los años, lo tomarán demasiado en serio y no llevarán nunca la proyectación a aquella situación de "riesgo" en la que Meier

that enables Meier to be faithful to each specific situation without having to betray any of the design expedients adopted, while affirming that his projects are, precisely, " evolving situations". As such, they are afraid of neither scale nor location, but only of the meaning and the spatial value of the intervention: a value that perhaps calls to mind a modest yet genuine "hint of greatness".

A "hint of greatness" capable of cannibalizing another trace, that of nostalgia, apparent in Hejduk's watercolours and to some extent in the American existential condition, whatever its status and origins. A condition that, as in the writings of Thoreau, seeks in the house a form of proud yet recycled *solitude,* and that from Wright to Neutra looks for a privileged channel between being and dwelling: in harmony with a complete fruition –both mental and physical– in the interior of residential situations that are at times conventional and banal, at times overwhelmingly impersonal and massive, as in many of the suburbs of America's major cities; situations such as those reproduced by Venturi who mercilessly refused to conduct the debate in tones other than those universally imposed by the media, and interpreting in a different way a problem that was inescapable for Meier: how to enable serious architecture to clarify its own condition and linguistic emplacement.

With Meier, more than with the others, the weight of the teaching, the whole cultural condition of the aforementioned middle generation, makes itself fully apparent, as his first book demonstrates.

The very earliest works, those that are only photographed, those ones from the family album such as the house in Essex Fells or the first studio, manifest the most complete absorption of the final traces of a composed functional minimalism and at the same time of an environmental contextualism in line with the late Gropius. Simple tactical exercises that come together in the Smith house, where the design scheme constitutes a first application of this particular system of poetically scientificized construction.

The organigram of the house's series of functions makes here a beautiful presentation of itself, but is not as a mere instrument instrinsically revolutionary. Gwathmey & Siegel essentially followed the same course, but –as was to become clear within a few years– they took it all far more seriously and never carried their design into that area of "risk" in which Meier was willing to live

acepta vivir constantemente; terminarán de esta manera por esterilizar la proyectación en la explotación de "arquetipos a perder", demasiado concretos para desarrollarse.

Sus magníficos caparazones dan a menudo la sensación de ser un *escamotage* por resolver, combinando problemas de encargo y de altísima profesionalidad. Estas arquitecturas, las de Meier y las de Gwathmey & Siegel, hablan el mismo lenguaje sin comprenderse, o por lo menos sin comprenderse demasiado. La ausencia del blanco es una de las causas y, a pesar de no ser la más importante, es indicativa de la divergencia de las respectivas finalidades. En efecto, Gwathmey & Siegel, a pesar de que producen ejemplos notabilísimos, optan en realidad por un funcionalismo inteligente, capaz de mantener el nivel productivo cualitativamente elevado, pero nunca excelso.

Sus plantas se mueven de forma más forzada que libre en el interior de la malla, de la cual no parecen generarse sino adaptarse, mientras los alzados resultan en el fondo "previsibles": efectivamente cuando en la casa Seddaca la chimenea es conducida más allá de lo construido, como en la casa Smith, ésta no consigue constituirse como símbolo ni, sobre todo, como elemento de mediación entre interior y exterior, y no interrumpe la continuidad de los volúmenes.

Gwathmey & Siegel son, en este sentido, muy eficaces: sus arquitecturas tienen una mayor solidez volumétrica, reconstruida psicológicamente incluso cuando la solidez material está ausente. El bloque de la casa estudio de Gwathmey lo demuestra, a pesar de que en ésta, como en otras obras, existe siempre la sensación de que la estructura "mental" o ideal está siempre dominada por la real, un poco demasiado construida. No existe ya ningún purismo; pero del purismo en cuanto tal no existen trazos palpables en Estados Unidos, dejando aparte la casa Brewer, de Le Corbusier y Jeanneret. Cuando la casa Smith abre el abanico de referencias, y las diluye elásticamente a través del organigrama –una estrategia en el fondo más elástica que los "cinco principios" de Le Corbusier– determina no sólo lo construido, sino que comienza un método, sean cuales fueren las indecisiones formales y las dudas, por otra parte evidentes.

En esta estrategia hay siempre dos fases o momentos: aquel entre interior y exterior, y aquel otro más exquisitamente interior, pero nunca absolutamente autónomo respecto a los primeros. En la conexión hace poco inaugurada –entre ambiente externo y ambiente

constantly; they accordingly ended up sterilizing the practice of design through their exploitation of "losable archetypes" too specific to evolve any further.

Their magnificent shells often create the impression of being an *escamotage*, a conjuring trick, bringing together and resolving the problems posed by the brief with the greatest professionalism. The architecture of Meier and that of Gwathmey & Siegel both speak the same language without understanding one another, or at all events without understanding one another well. The absence of white is one of the causes of this, and if not the most decisive is indicative of the divergence of their respective directions. In effect, although Gwathmey & Siegel produced noteworthy examples, they opted in practice for an intelligent functionalism with a view to maintaining a high but never supremely excellent level of production quality.

Their plans are more forced than free to move within the grid, seeming not so much generated by it as adapted to it, so that the elevations prove ultimately "predictable"; indeed, when the chimney of the Seddaca house is raised beyond the built volume, as it is in the Smith house, it does not constitute itself as a symbol or, indeed, as an element of mediation between exterior and interior, nor does it interrupt the continuity of the volumes.

Gwathmey & Siegel are in this highly effective; their architectures have a greater volumetric solidity, reconstituted psychologically even when the material presence is missing. The block of the Gwathmey studio house demonstrates this, although here as in other works there is a constant sensation that the "mental" or ideal structure is everywhere overwhelmed by that of the real, a little over-built. No purism now; of purism proper there are no tangible traces in the USA, except for the Brewer house by Le Corbusier and Jeanneret. We are beyond all that now. When the Smith house opened up its spectrum of references and elastically diluted them by means of the organigram –a stratagem ultimately more elastic than Le Corbusier's "five points"– it not only determined a particular building, it inaugurated a method, whatever its evident formal hesitations and doubts.

In this strategy there are always two phases or moments: that between interior and exterior, and that more exquisitely interior, never entirely independent of the former. In the newly inaugurated dialogue between exterior surroundings and built environment

construido– existe una continua relación, que se define cada vez y de este modo se universaliza como principio. Ambiente real y ambiente ideal son forzados a través del organigrama a encontrar un punto de composición de los complejos equilibrios de la proyectación que debe ser absolutamente perfecta.

Son dos entidades autónomas –dos *unicum*– realizadas sobre la base de una reciprocidad que tiene variables definidas (el lugar y la estrategia) y definibles (el programa), en las que, una vez clarificada la finalidad del proyecto y puestas a punto las componentes reconocibles como universalmente válidas (la historia), es posible intervenir.

Este proceso, además de garantizar una notable variabilidad interna, abre el camino al proceso de definición del prototipo, útil para confirmar la validez del camino arriba descrito.

Hemos llegado de este modo a una reconstrucción de los sistemas operativos del movimiento moderno, en cuanto la planta (y no la sección, como repetidamente ha afirmado Rykwert) es expresamente concebida como elemento generador de formas (físicas) y situaciones (psicológicas).

Las estructuras portantes y el esquema estructural del conjunto (como en la arquitectura de Wright), a pesar de pertenecer a una ordenación matemática tangible, no tienen necesariamente porque pertenecer o, sin más, identificarse con la arquitectura *in toto*. Más bien al contrario. La perimetración global es, en este sentido, y no casualmente, uno de los puntos clave del organigrama.

Vemos pues que en los primeros proyectos, a pesar de las posibles dudas y la timidez, la estrategia de fondo está ya desarrollada y cualquier proyecto posterior tendrá que hacer, de alguna manera, referencia a ella.

El organigrama es sólo la matriz variable de un proceso que en primer lugar es mental: es un medio y un sistema de autocontrol de los valores "ideales" que le preceden y que pueden –más bien deben– tranquilamente formar parte de situaciones visuales claramente excelentes. Las *evolving situations* están perfectamente en línea con las afirmaciones del principio; como en el título de uno de tantos libros de Le Corbusier, se dirigen mediante la observación, *vers l'achitecture*.

Estas obras son puntos firmes en el seno de una investigación indefinida en la que el placer manierista de las formas y del movimiento vuelve a un primer plano, anulando los intentos que han realizado en esta dirección tanto Eisenman como Graves. El primero autolimi-

there is a continual relationship that is defined from time to time and comes in this way to be universalized as a principle. By means of the organigram, real and ideal environments are forced to find a point at which to compose the complex equilibriums of the project, which was to be absolutely perfect.

These are two autonomous entities –two *unicum*– produced on the basis of a reciprocity that has variables both defined (the place and the strategy) and definable (the programme), in which it is possible to intervene once the objectives of the project have been clarified and those values recognized as universally valid (history) have been brought into play.

This process, in addition to ensuring a considerable internal variability, opens the way towards the process of defining the prototype, useful for confirming the validity of the approach described here.

We thus arrive at a recreation of the operating systems of the Modern Movement in the sense that the plan (and not the section, as Rykwert has repeatedly asserted) is expressly conceived as an element responsible for generating forms (physical) and situations (psychological).

Nor can it be said (as it can for Wright) that the load-bearing structure and the structural scheme as a whole, although they correspond to a tangible mathematical system, must necessarily belong to or be directly identified with the architecture *in toto*. Far from it. The drawing of the perimeter is in this respect, and not by chance, one of the key points in the organigram.

Thus in the early projects, whatvever uncertainties or timidities there may be, the underlying strategy to which all of the subsequent projects will in some way make reference is already complete.

The organigram is no more than the variable matrix of a primarily mental process: it is the medium and self-regulation system for the "ideal" values that prefigure it and are tranquilly able –even obliged– to form part of clearly excellent visual situations. The "evolving situations" are perfectly in line with the initial assertions; as in the title of one of Le Corbusier's many books, they move, precisely, *vers l'architecture*.

These works, then, are points of solidity in the core of an undefined investigation in which a mannerist pleasure in forms and movement comes to the fore once again, cancelling out the efforts made in that direction by both Eisenman and Graves –the former restricting himself to the cerebral interior of an

tándose en el interior del lenguaje cerebral de la arquitectura preexistente a ella; lenguaje al que le resulta insoportable y perjudicial el examen de lo "construido". El segundo, habiendo superado los esquemas de planteamiento de fondo en función de una arquitectura percibida a través de la recomposición de los elementos de decoración, utilizados como sistema primario.

Otras obras de Meier deberán existir para clarificar todo lo iniciado en estos diez años.

Mientras tanto las "ruinas del muro de la historia" –aquel muro reconstruido en algunos magníficos proyectos de Hejduk casi para proteger la autonomía de la propia soledad– permiten toda suerte de irrupciones en los territorios ahora ya saqueados de la memoria.

Philip Johnson petrifica nuevamente los rascacielos anulando las inquietantes imágenes de la Vriesendorp; las torres de Graves, y las pérgolas de Stern, reedifican el limbo de atmósferas acolchadas falsamente faltas de tecnología.

La arquitectura en Estados Unidos sueña con volver a ser grande empequeñeciéndose y sugiriendo una atemporalidad que tanto la técnica como los medios cancelan contextualmente, aislándose en el océano empalagoso del lenguaje y tomando al pie de la letra, en sentido decadente, lo que escribe Drexler en el prefacio al libro de los Five, catálogo de la homónima exposición: *it's only architecture*. Con una diferencia: no es sólo a los Five a quienes esta observación puede referirse.

Las balsas salvavidas, para recurrir a la misma imagen previamente utilizada, han izado el gran escudo. Pero sólo una vez, no todas.

En 1984 el estudio de Meier está en condiciones de producir una nueva publicación que en este momento incluye una actividad ya de veinte años. Dicha publicación documenta una ampliación de la *recherche* de una espacialidad absoluta, gracias a las numerosas experiencias sobre arquitectura museística, iniciada con un simple montaje y culminada con una bellísima muestra de composiciones lingüísticas, como es la intervención para la sala de lectura en el interior del museo Guggenheim. Ocasión indiscutible para sondear aquella acontextualidad –perdón por el juego de palabras– contextual, meieriana, ya citada, que aquí confluye casi naturalmente en la producción de muebles nostálgicamente modernos y vagamente pioneros, empapados de aquel espíritu racionalmente contextual al que Meier está atento desde siempre.

El mundo de las posibles abstracciones se ha

architectural language that pre-exists architecture; a language to which the verification of the "built" is intolerable and damaging; while the latter moved on from the underlying design approach of his early schemes to arrive at an architecture perceived through the recomposition of the decorative elements, utilized as a primary system.

Consideration of other works may serve to clarify Meier's evolution over these ten years.

Meanwhile, the "ruins of the wall of history", that wall reconstructed in a number of magnificent projects by Hejduk almost as if to defend the autonomy of his own isolation, allowed all manner of irruptions into the already pillaged territory of memory.

Philip Johnson was back at the task of petrifying the skyscraper, obliterating the disturbing images of Vriesendorp; Graves' towers and Stern's pergolas rebuilt the cushioned limbo of fraudulently atechnological environments.

Architecture in the United States dreamed of attaining greatness once again by making itself smaller and suggesting an atemporal quality that both the technique and the means negated contextually, isolating itself in the candy-sweet ocean of language and taking Drexler's remark in his introduction to the book devoted to the Five, the catalogue of the exhibition of the same name, in the most reducedly literal sense: *it's only architecture*. With one difference, however; the observation seems to apply not only to the Five. The life-rafts, to return to the metaphor employed above, have run up their flags and pennants. But, once again, not all.

In 1984, Meier's studio was once again in a position to publish, the latest book embracing some twenty years of activity, documenting a broadening of the *recherche* of an absolute spatiality thanks to a number of experiences of producing museum architecture, beginning with a simple exhibition design and culminating in a beautiful exercise in linguistic composition with the scheme for the reading room in the Guggenheim Museum, an exceptional opportunity to undertake that wholly Meierian contextual –excuse the play on words– acontextuality we observed above, which here flows almost naturally through the production of nostalgically modern and vaguely pioneering pieces of furniture, imbued with that rationally contextual spirit Meier has always possessed.

The world of possible abstractions had by this time expanded. The museums in Atlanta and Des Moines and the Atheneum itself made it

dilatado ya. Los museos de Atlanta, Des Moines, el mismo Atheneum permiten adoptar a escala superior todas las estratagemas hasta ahora reservadas a un juego contenido, tal como sucede en el proyecto de las viviendas, y verificar la complejidad de los programas en su relación con un ambiente urbano más estratificado, como es el europeo. De hecho se trata también de una especie de autoverificación de las premisas de fondo. La ecuación tiene más interrogantes que Meier clarifica en cada proyecto, ofreciendo diversos tipos de desarrollo para una única solución, según aquella estrategia refinada, ya experimentada en situaciones que terminan por llegar a ser "análogas". Estas situaciones permiten –además de justificarlo, si alguna vez fuese necesario– el uso de la tipología como elemento de recalificación urbana, reforzando el ahora ya reconocido precedente del pabellón del *Esprit Nouveau* (que aparece en su repertorio de referencias desde los tiempos del minúsculo y magnífico Shamberg Pavillion), así como la legitimidad en el uso del elemento iterativo como punto cardinal compositivo tanto en el proyecto para el East Side, en Nueva York, como por la insuperable intervención para el IBA de Berlín. Ambos proyectos son víctimas de la suerte sufrida por los proyectos de mayor relieve de muchos arquitectos: la de no haberse construido.

La proyectación en estos años no se hace más compleja, ni tampoco varía en cuanto a las premisas de fondo seguidas; simplemente ha podido experimentar plenamente aquellas situaciones proyectuales que obras más contenidas no le permitían acometer, bien por sus dimensiones más reducidas, bien por estar faltas de la confrontación con la ciudad histórica, hecho intrínseco en la mayor parte de sus proyectos europeos. Ahora rotación y axialidad son sistemas habituales de un diálogo. Además, la proyectación se ha suavizado, adaptándose a las exigencias de una sociedad siempre más articulada y de un cliente capaz de influir en el sistema de las relaciones de fondo, que, por otra parte, son siempre las mismas: unas más específicas (el destino, el lugar, los arquetipos de la historia) y otras que tienen un valor simbólico y expresivo (las relaciones modulares, el sistema vigas-pilares-montantes, los muros-placa). Estos últimos elementos intervienen siempre de forma sucesiva, para combinarse a su vez con las estrategias proyectuales habituales (coincidencia de los recorridos con el sistema de luces, perimetración, estructura). Un sistema complejo pues, pero suficien-

possible to adopt on a larger scale all of the stratagems that had previously been restricted to a closed, contained play such as in the project for the houses, and to verify the complexity of the programmes in the relationships with an urban environment more stratified than its European equivalent.

In fact this was also a kind of self-verification of the underlying premises. The equation includes more unknowns that Meier clarifies in any one project, offering different lines of development of a given solution on the basis of that already refined strategy tried and tested in situations that are ultimately "analogous". These situations permit –in addition to justifying, where necessary– the use of the typological example as an element in the regrading of the urban environment, reinforcing the already acknowledged precedent of the Esprit Nouveau pavilion (discernible in his repertoire since the time of the minuscule and magnificent Shamberg pavilion) together with the legitimacy of use of the iterative element as a compositional cardinal, not only in the project for the East Side in New York but in the unsurpassed scheme for the IBA in Berlin, both of them victims of a destiny common to many architects' most outstanding designs: that of remaining unbuilt.

The design work of those years did not become more complex, nor was there any change in the underlying directions: it simply constituted a way of exploiting to the full those design situations that more spatially restricted schemes did not provide, in part through their lacking the kind of direct confrontation with the historical city inherent in most European projects; thus rotation and axiality now became habitual elements in a wide-ranging dialogue. At the same time, the approach softened, adapting itself to the demands of an increasingly articulate society and a clientele in a position to influence the system of underlying relationships, which are thus always the same: some more specific (the function, the place, the historical archetypes), others possessing an intrinsic symbolic and expressive value (the modular relationships, the beam-pillar-frame system, the wall panels). These last are always introduced later, to combine in turn with the established design stratagems (the overlapping of circulation itineraries and lighting systems, the drawing of the perimeter, the structure). A complex system, then, yet sufficiently flexible. Indeed, other functions can be added to the basic functions of the programme in line with the different overall

temente dilatable. De hecho a las funciones base del programa se podrían añadir otras, cuando sean diversas las finalidades globales del proyecto, análogas y contrapuestas. El equilibrio general depende pues de la contraposición de los sistemas: estático y dinámico, sólido y transparente.

La retícula de planta y las líneas de fuerza a partir de las que arranca el sistema de recorridos se transforman así en elemento fundamental del complejo sistema que relaciona itinerarios, estructura, accesos, perímetros; un sistema jamás rehusado y de algún modo presente también en los proyectos de entorno amplio y holgado, no concebidos sobre base iterativa (elección difícil) como la Fundación Getty, o el edificio del ayuntamiento de La Haya, este último el más meierianamente completo de los proyectos a "escala total" realizados en los últimos años.

El procedimiento es singular, y ya ha sido experimentado históricamente, pero nunca ha alcanzado un nivel semejante de "abstracción real".

Cuando Judith Turner fotografió el Centro Experimental Bronx, sus imágenes difícilmente consiguieron transformarlo en una naturaleza muerta, o en una abstracción absoluta, pero construida, como por ejemplo sucederá con la casa VI, de Eisenman. Allí los colores se funden de manera casi bidimensional, recreando sensaciones de variaciones cromáticas y de campo; aquí encontramos escaleras, barandillas, volúmenes y sombras. Porque esta proyectación está hecha de estos elementos y su conjunto es ofrecer –por citar a Goethe– la ilusión de una realidad más elevada, pero siempre disfrutable. La reapropiación del espacio no crea ilusiones sino percepciones de una realidad superior, representada por estructuras y formas reales capaces de variar visualmente en compañía de quien lo disfruta. Este último concepto, fundamentalmente manierista, se halla implícito en muchas obras del Movimiento Moderno de los años veinte, cuando la arquitectura advertía la necesidad de "efectos espaciales en conflicto entre ellos".

La calma de las tensiones resueltas en equilibrio es aquí un dato adquirido; la falta de centro del Atheneum, la sobreposición de volúmenes del museo de Atlanta, se reconstruyen en otras obras de carácter privado como en el condominio Somerset, de Los Ángeles; y la serenidad del conjunto de Berlín es pionero en sugerir límpidas trasposiciones matemáticas y referencias geométricas absolutas.

objectives of the project, analogous and opposed, with the general equilibrium dependent, in fact, on the opposition between different systems: static and dynamic, solid and transparent.

The grids of the plan and the lines of force on which the system of circulations is imposed thus rank amongst the fundamentals of the complex system that links together itineraries, structure, accesses, perimeters: a system never repudiated and at the same time equally present in those projects on the grander scale not conceived on an iterative basis (a difficult choice) such as the Getty Foundation or the city hall in The Hague, the latter being the most complete, in Meierian terms, of the projects on the "total scale" carried out in recent years.

The procedure is remarkable, and already subject to historical experimentation, but never on such levels of "real abstraction". When Judith Turner photographed the Bronx Developmental Center, it was only with difficulty that her pictures succeeded in transforming it into a still life or an absolute yet built abstraction, as they were able to, for example, with Eisenman's House VI, where the colours merge in almost two-dimensional fashion, creating impressions of chromatic and field variations, and where we encounter stairs, handrails, volumes and shadows. Because the project design is composed of those elements and their objective is to produce –to quote Goethe– the illusion of a reality that is indeed more elevated, yet always enjoyable.

The reappropriation of space produces not illusions but perceptions of a higher reality, represented by real structures and forms capable of changing visually alongside the user. This is a fundamentally mannerist concept, implicit in many of the works produced by the Modern Movement in the 1920s, when architecture was proclaiming the need for "special effects in conflict with one another".

The calm of tensions resolved in equilibrium is here an acquired datum; the lack of a centre in the Atheneum, the superimposing of volumes in the Atlanta museum are recomposed in other private commissions, such as the Somerset Condominiums in Los Angeles, and the serenity of the Berlin intervention is a first essay in the suggestion of limpid mathematical transpositions and absolute geometrical references.

The coincidence between these ideal design stimuli and the result is surprising, with the construction always openly inviting

La coincidencia de estos estímulos ideales de la proyectación con aquellos que aparecen en el resultado es sorprendente; la invitación que la construcción ofrece a la observación en movimiento es siempre explícita a la rotación en la mirada, a una asimilación que no puede ser más que desde el movimiento, y todo ello a pesar de la aparente estaticidad de la obra. Hay que excluir la creación de visuales de cualquier tipo, pero es obvio que las "visualidades" no son sólo estímulo, sino elemento instrumental implícito en el ya repetidamente citado organigrama. Las analogías con algunos cuadros de Braque son esclarecedoras: *Le guéridon*, una obra de 1911, contiene un dinamismo análogo al del Atheneum; mientras que tanto *La table du musicien*, como *Le quotidien, violon et pipe* son ricos en aquellas líneas de fuerza, en forma de tijeras, cuyas intersecciones son uno de los aspectos personales y constantes en todos los proyectos de Meier.

Líneas de fuerza conflictivas, no solamente próximas a fragmentaciones monodimensionales, todavía no volúmenes ni que sea metafóricamente. Ninguna ambigüedad en esta operación, trágica e intelectualmente sutil y, por otra parte, no ajena al Le Corbusier de Garches o al proyecto de Mies para una casa de ladrillo.

Es exactamente lo opuesto a lo que Lichtenstein hacía en sus inicios, pasando de la tridimensionalidad a la bidimensionalidad, disolviendo en una secuencia de planos cruzados cualquier objeto que fuese trivialmente corpóreo; aplanando de esta manera la corporeidad espacial a una situación de congelación, de espacio dentro del espacio, de tiempo sin tiempo, de estancia dentro de una estancia, pero sin espesor, sin nostalgia.

Puras transformaciones secuenciales de la imagen que, trasladadas a la arquitectura, Eisenman define como (todavía) pertenecientes a una aproximación clásica a la construcción de la arquitectura, dirigida a resurgir significados complejos a partir de un solo elemento; transformaciones psicológica y físicamente bloqueadas en una condición de forzado equilibrio, donde la conexión signo-función se ha desecho.

El antifuncionalismo de Eisenman está más próximo a este vuelco semántico: cuando Lichtenstein transforma un elemento tridimensional en una secuencia de planos contenidos de líneas de fuerza bloqueadas, realiza una operación análoga en el plano de la abstracción a través del uso de la bidimensionalidad. Una bidimensionalidad destinada a adquirir una tridimensionalidad totalmente

observation on the move, prompting the head to turn, encouraging an appreciation that could not be other than mobile, despite the apparently static character of the architecture. The creation of illusions of any kind is excluded, but it is obvious that the "visualities" are not only a stimulus as an instrumental element implicit in the organigram referred to above. The analogies with some of Braque's paintings are enlightening: *Le guéridon*, a 1911 canvas, has a dynamism comparable to that of the Atheneum, while *La table du musicien* and *Le quotidiien, violon et pipe* are rich in those scissoring lines of force whose intersections constitute one of the constant and specifically individual aspects of Meier's production as a whole.

Conflicting lines of force that are not only close to one-dimensional fractures, but not as yet volumes, even metaphorically. No ambiguity in this operation, tragically and intellectually subtle, that is at the same time not far removed from the Le Corbusier of Garches or Mies' project for a brick house. And it is exactly the opposite of the move made by Lichtenstein in his early work, passing from the three-dimensional to the two-dimensional, dissolving into a succession of intersecting planes the most mundanely corporeal object; thus flattening out the spatial corporeity in a frozen situation of space inside space, of time without time, of room within room, but without depth, without nostalgia.

Pure sequential transformations of the image, those that, duly transposed into architecture, Eisenman has defined as (still) belonging to a classical approach to the construction of architecture, directed towards the drawing of complex meanings from a single element: transformations psychologically and physically locked in a condition of enforced equilibrium in which the sign-function relationship is overturned.

Eisenman's anti-functionalism is much closer to this semantic reversal: when Lichtenstein transforms a three-dimensional element into a sequence of contained planes of locked lines of force he is engaged in an analogous operation on the plane of abstraction, through the use of two-dimensionality. A two-dimensionality that is possessed of a wholly psychological three-dimensionality, psychological in the lack of depth of Eisenman's "cornices", of his Greek temple, where the shadow has the same corporeal –or incorporeal– quality as the built substance.

Rotation and two-dimensionality are the

psicológica, como la falta de profundidad de sus "cornisas", de su templo griego, donde la sombra tiene la misma corporeidad –o incorporeidad– de lo construido.

Rotaciones y bidimensionalidad son elementos recurrentes, y casi generacionales, a los que recurrir para llegar a una *praxis* poética deducida exclusivamente a través del poder del intelecto; obtenida, casi como si fuese la combinación de una caja fuerte, mediante la búsqueda de una "posicionalidad" en el espacio, que tenga combinaciones y grados bien definidos. Mucho más precisa que la diagonalidad de la misma casa Diamond, de Hejduk, sosegada trasposición, en clave arquitectónica, de una espacialidad pictórica dirigida a un sistema no complejo –como podrían ser las diagonales que se cruzan, o las bisectrices de Lichtenstein– en cierto sentido, casi implícitamente, predispuesto a tales funciones.

En el caso de Eisenman, es la incisividad del signo, como forma icónica, la que es intérprete principal de las arquitecturas "deducidas" o "corroídas", aquellas que se hacen cargo de toda una cultura tratadística para traducirla en puntos de arranque y categorías formales de las complejas conexiones con el ángulo, el ángulo recto y sus asociaciones espaciales, el sistema de uso de un sólido puro.

En la casa III, estructura matemática, ideal y real encuentran un momento de inquieto inmovilismo y coincidencia. Cada fachada tiene su propia tridimensionalidad y una precisa autonomía que la lleva a sobrevivir también –más bien sobre todo– fuera de la arquitectura como hecho icónicamente absoluto y como categoría mental. Es una empresa extenuante, que trasciende la funcionalidad, y es visualmente la más parecida a la ordenación meieriana.

La refundación del lenguaje puede conducir al aislamiento de un tema específico en función de temas de sintaxis universal.

Sin embargo, una lectura del Atheneum bajo tales premisas sería por lo menos desorientadora, en tanto que la autonomía de cada uno de los elementos arquitectónicos está en función del uso global de la estructura y de la funcionalidad específica del elemento como tal. Un volumen o un cuerpo de escalera no renuncia en definitiva a su función primaria, ni aspira a la superación individual de su significado como elemento de conexión, a sus relaciones con la luz, con las sombras, a su casi placentera "relatividad". Basta pensar en la pasarela-signo de la casa Smith.

Allí donde Eisenman construye casi "contra el espacio", o para un espacio sin relaciones,

recurring, almost generational elements resorted to in order to arrive at a poetic praxis derived exclusively from the power of the intellect; a praxis obtained, almost as if it were the combination of a safe, by way of the search for a "positionality" in space that has its own well-defined combinations and degrees. Considerably more precise than the diagonality of the Diamond house by Hejduk, this takes the form of a reassuring transposition into the architectonic key of a painterly spatiality grounded in a non-complex system –such as the intersecting diagonals or the bisectors found in Lichtenstein– that is in many respects almost implicitly predisposed to such a function.

In the case of Eisenman, it is the incisiveness of the sign as iconic form that takes the lead in interpreting those "derived" or "eroded" architectures that carry the weight of a whole culture of learned treatises, effectively translating them into the origins and formal categories of complex mathematical relationships: a column and its relationships with the corner, the right angle and its spatial associations, the system of use of a pure solid.

In House III, mathematical structure, ideal and real encounter their moment of uneasy stasis and coincidence. Each of the elevations has a three-dimensional independence and a precise autonomy that allows it to survive –even primarily– outside of the architecture as iconically absolute fact and as mental category. This is an exhausting enterprise, transcending functionality to reveal itself as visibly closest to Meier's approach.

The regrounding of language can lead to the isolation of a specific theme with regard to questions of universal syntax.

A reading of the Atheneum on these terms, however, would be misleading to say the least, given that the autonomy of each individual architectural element is a function of the sum of uses of the structure and the specific functionality of the element as such. A volume or a stair nucleus in no sense renounces its primary function, or aspires to an individual transcendence of its significance as an element of connection, its relationships with light and shade, its almost pleasurable "relativity". We need only call to mind the footbridge-sign of the Smith house.

Where Eisenman built virtually "against the space", of for a space without relationships, interested above all in the psychological void of the three dimensions, Meier seems to construct "with" and "in" the space.

The grids of the plan and the bisectors are

sobre todo nada interesado en el vacío psico-lógico de las tres dimensiones, Meier parece construir "con" y "en" el espacio.
Las retículas de planta y las bisectrices son sólo instrumentos tácticos destinados a hacer que las relaciones parciales sean perfectas y a poner a punto los mecanismos de confron-tación, casi indispensables en las difíciles relaciones con sistemas complejos y en la definición individual del objeto-edificio, en el interior del "aquel espacio". Aquel espacio, para entendernos, en el que operar con ins-trumentos universal e históricamente válidos. Probablemente la ortogonalidad de las líneas de fuerza, así como su intersección, es difícil-mente generalizable únicamente en función de sus relaciones con el exterior.
No de forma casual el cilindro hace su apari-ción, como volumen absoluto, en algunos proyectos residenciales, a finales de los años ochenta, cuando la proyectación se prepara a explorar situaciones cada vez más urbanas y cuando se dominan perfectamente todas las posibles mediaciones de figuración de planta, ahora ya ortodoxas. La circunferencia, a menudo presente en muchos edificios de carácter público, se convierte en cilindro a partir de la casa Grotta; volumen pleno, entendido como núcleo compositivo y no como fragmento de circunferencia corroído y diluido en los alzados, como en Atlanta o en Bridgeport. Es quizás el primer proyecto auténtico con valores metropolitanos.
Muchas de las obras más recientes son tam-bién estudios tácticos de las relaciones entre la recta y la circunferencia o el cilindro, ahora ya protagonista global; tanto en Ulm, donde es elemento primario, como en La Haya, como bisagra casi indispensable, e incluso como rascacielos en el concurso para el Madison Square Garden.
Estos trabajos están intercalados con los magníficos proyectos de París (Renault y Canal Plus) y de Frankfurt, en los que ade-más de reforzar la precisa y no casual corres-pondencia entre lugar de intervención e "indi-caciones de planta", confirman la comodidad con la que el Movimiento Moderno es absor-bido en el seno de intervenciones urbanas de notable complejidad.
El punto culminante se encuentra en el pro-yecto a escala territorial de Los Ángeles, en el que el caos aparente trae memorias clási-cas y proyecta la fragmentación por medio del sistema de rectas cruzadas y retículas giradas. Este *desorde* organizado, de roma-na memoria, se adecua a la aspereza del terreno y refuerza de hecho la continuidad de aquellas *evolving situations* y de aquel con-

merely tactical instruments intended to perfect the partial relationships and establish the mechanisms of confrontation that are all but indispensable to the difficult relations between complex systems and to resolving the individual definition of the building-object inside "that space". That, let us be clear, within which it is possible to operate with universally and historically valid instruments. Probably the orthogonal nature of the lines of force and their intersection resists any easy generalization on the exclusive basis of its relationships with the exterior.
It is no accident that the cylinder as absolute volume makes its appearance in some of the residential projects of the late eighties, when the design began to explore increasingly urban situations, and when all of the possible mediations of the as yet still orthodox configurations of the plan had been perfectly mastered. The circumference, very much present in many of the public buildings, becomes a cylinder with the scheme for the Grotta house: a complete volume understood as a compositional rather than fragmented fulcrum of the eroded and diluted circumference, as in Atlanta or Bridgeport. This is perhaps the first project with a metropolitan value.
Many of the more recent works are also tactical studies of the relationships between straight line and circumference or cylinder, now the protagonist at the global scale: not only in Ulm, where it is the primary element, but in The Hague, as an all but indispensable hinge, and even in a skyscraper, with the competition project for Madison Square Garden.
Meanwhile, these works alternated with the maginificent projects for Paris (Renault and Canal Plus) and Frankfurt; in addition to fixing the by no means neglected correspondence between the site of the intervention and the "indications of the plan", these confirmed the ease with which the Modern Movement had been absorbed into the interior of urban interventions of considerable complexity.
The culmination comes with the project —now on the territorial scale— for Los Angeles, where the apparent chaos evokes classical memories and the fragmentation is projected through the system of intersecting straight lines and rotated grids. This organized disorder, Roman in its references, is adapted to the roughness of the terrain and serves in fact to establish the continuity of those *evolving situations* and that rigorous (and in its way acontextual) contextualism that is reconstructed by means of the conflict

textualismo riguroso (y a su manera acontextual) reconstruido a través del conflicto, aunque sea sólo aparente, de los códigos lingüísticos.

Quizás, de las balsas de salvamento de Tafuri, ha quedado algún salvavidas para futuros náufragos, no habiéndose en definitiva verificado aquel presagio. Meier es todavía el intérprete más decisivo de esta generación; uno de los pocos que sabe hacer *only architecture*, mágica, blanca, racional, surreal. Una arquitectura real que no quiere ser como la inefable sonrisa del gato de Cheshire; aquella sonrisa que aparece antes que lo real y sobrevive momentáneamente al mismo.

La arquitectura es para siempre, para un presente eterno; y el presente, como afirma Wittgenstein, es espacial e infinito, es un punto del espacio; es como una obra de Meier, un lugar con argumento.

–even if only apparent– between linguistic codes.

Perhaps Tafuri's life-rafts still have one or two lifebelts to throw to future castaways, that forecast having failed as yet to materialize. Meier is still the most resolute interpreter of his generation, and one of the few who knows how to produce *only architecture*: magical, white, rational, surreal. A real architecture, then, that does not seek to become like the ineffable smile of the Cheshire cat; that smile that first appears as a reality and momentarily outlasts it.

Architecture is for always, for an eternal present; and the present, as Wittgenstein affirmed, is spatial and infinite, is a point in space; and, like one of Meier's works, a locus of argument.

**1963-1965   Casa Meier, Essex Fells
(Nueva Jersey)**

Proyectada a partir de unas matrices riguro-
samente lineales, la casa en Essex Fells
constituye el primer enunciado arquitectónico
efectivamente construido tras el *divertissement* de la casa en Lambert beach del año
1962.
Las influencias de los maestros, con Mies a
la cabeza, son evidentes, como lo es también
–en la acentuada horizontalidad de los alzados– la voluntad de hacer ejemplar todo el
proceso proyectual. La estructura ideal coincide perfectamente con la estructura real,
mientras que, al enfrentarse con el espacio
abierto, Meier utiliza también elementos como
la circunferencia, que no volverá a aparecer
en sus proyectos hasta pasados algunos
años.

**1963-1965   Meier house, Essex Fells
(New Jersey)**

Laid out on the basis of rigorously linear
matrices, the house in Essex Fells is Meier's
first architectural statement to be built,
effectively following the *divertissement* of the
Lambert beach house in 1962.
The influence of the masters, and above all
Mies, is clearly apparent; equally evident –in
the accentuated horizontality of the
elevations– is the concern with making the
entire design process exemplary. Ideal
structure and real structure coincide perfectly,
while in his treatment of the open space
Meier also employs elements such as the
circumference, which do not reappear in the
studio's work for a number of years.

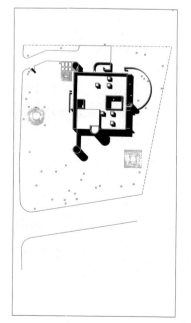

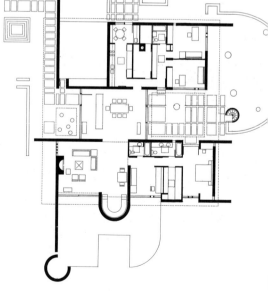

Planta volumétrica y planta

Volumetric plan and plan

Dos fachadas contiguas. Los muros curvos de ladrillo se prolongan más allá de las esquinas de la casa para defender la intimidad y el aislamiento

Two adjacent facades. The curving brick walls continue beyond the corners of the house to protect its privacy and isolation

1965-1967 Casa Smith, Darien (Connecticut)

Con la casa Smith se inicia la feliz etapa de las viviendas unifamiliares en las que el control del resultado puede y debe ser total, sin olvidar las sugerencias y estímulos de la "tradición", presentes y perfectamente establecidos en esta obra: los elementos tradicionales del construir –como escaleras, chimeneas etc.– son proyectados hacia el exterior para ensanchar los límites psicológicos y reales de la vivienda.

La vivienda surge en una extensión de terreno orientada hacia Long Island Sound, en una situación panorámica envidiable.

Teóricamente está formada por un solo volumen; sin embargo, los espacios privados y los espacios colectivos se funden de hecho en la intersección de niveles y escenarios, lo que crea un volumen transparente, proyectado sobre un eje que termina en el elemento vertical de la chimenea y dirige la atención al paisaje rocoso situado detrás. La casa establece un diálogo sólo con el paisaje circundante, lo que introduce una notable tensión proyectual. El volumen aislado del garaje es girado para permitir esta intensa soledad y diálogo.

En los proyectos posteriores, cualquiera que sea la escala de lo construido, encontraremos siempre algunos elementos fundamentales que ya aparecen en este espacio-casa: el personalísimo sistema de derivar los alzados a partir de "plantas de calidad", la contaminación del movimiento moderno a través de un

1965-1967 Smith house, Darien (Connecticut)

The Smith house marks the beginning of a finely accomplished sequence of private houses, in which the control of the result was and had to be total, without negating the suggestions and the stimuli offered by "tradition", present and perfectly exhibited here: indeed, the traditional construction elements –such as stairs, chimneys, etc.– project out on the exterior, effectively extending the psychological and real limits of the rooms.

The house stands on a spur of land overlooking Long Island Sound, enjoying exceptional panoramic views. Theoretically it is constituted as a single volume, but private spaces and social spaces in fact merge in the intersecting of levels and wings that create a transparent solid, laid out on an axis that terminates in the vertical element of the chimney and directs attention to the surrounding rocky landscape. The house engages in dialogue only with the landscape, from which it derives a considerable "objectual" tension. The isolated volume of the garage is rotated, effectively underwriting the intense solitude of the house and its dialogue with the landscape.

Regardless of the changes in scale, all of the subsequent projects embody underlying data first found in this space-cum-house: the highly personal system of deriving the elevations from "quality plans", the influence of Modernism in the very attentive use of

Planta volumétrica del edificio, situado sobre una playa de arena

Volumetric plan of the building, situated overlooking a sandy cove

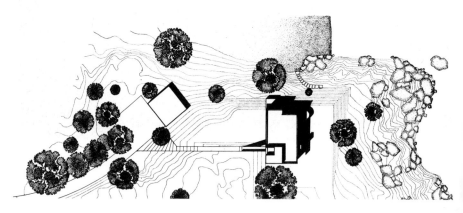

uso muy atento de la estructura y de la técnica llamada a intervenir en el proceso creativo, la simplicidad de la implantación del edificio que se realiza a partir de la selección de algunos datos (vialidad, principalmente, y accesos) a los que Meier caracteriza arquitectónicamente pero sin trivializarlos; de tal

structure and the subjection of technology to the creative process, the simplicity of the whole siting, which selects certain data (circulation, primarily, and accesses) and sets out to characterize these architecturally without making them banal; so that the attraction of the final *unicum* is also due in

Fachada sureste. El edificio es de madera, a excepción del volumen de la chimenea que es de ladrillo

The south-east facade. The building is of wood, except for the chimney volume, which is of brick

27

manera que el *unicum* final atrae también por aquello que no ha sido realizado, pero que hubiese sido posible hacer, de modo que, una vez iniciada, la proyectación implicase una forma ineluctable de autorrealización. Parafraseando a Calderón de la Barca, la realidad debe ser sueño: es casi implícitamente de este modo, racionalmente así.

part to what has not been done but might have been, almost as if, once commenced, the design scheme inevitably entered into its own form of self-realization. To paraphrase Calderón de la Barca, reality must be a dream: and almost implicity so, rationally so.

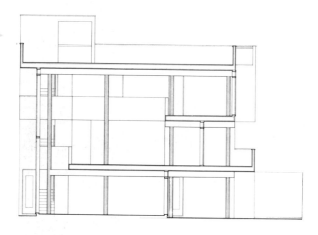

Arriba: Sección longitudinal
Debajo: Planta del piso superior

Above: Longitudinal section
Below: Plan of the upper floor

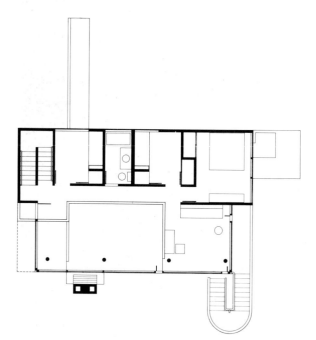

Página siguiente:
Arriba: La fachada noroeste con la pasarela de acceso
Debajo: La sala de estar a doble altura

Facing page:
Above: The north-west facade with the entrance footbridge
Below: The double-height space of the living room

1966-1967 Casa Hoffman, East Hampton (Nueva York)

El caleidoscopio de formas elaboradas sobre la matriz rectangular de la planta quiebra, en la casa Hoffman, la unidad total de la casa Smith y crea un sistema de volúmenes agregados que explicitan en la tercera dimensión su propia función, reforzando la afirmación de la autonomía de los componentes en el interior de un sistema complejo.

La configuración plana del terreno circundante invita a un mayor grado de integración en el espacio, llegando a crear, en la compacidad de la planta, sistemas de ejes a partir de los que se pueden leer los aspectos fundamentales del programa específico.

Casi como a la espera de la evolución que el futuro depare, *frontality and rotation* se confrontan en este proyecto simplemente silabeando la propia gramática constructiva.

1966-1967 Hoffman house, East Hampton (N.Y.)

In the Hoffman house, the kaleidoscope of forms elaborated on the rectangular matrix of the plan shatters that total unity found in the Smith house and creates a system of added volumes that explicitly reveal their function in the third dimension, emphasizing the autonomy of the component elements in the interior of a complex system.

The flatness of the terrain invited a greater degree of engagement with the space, leading the project to create within the compactness of the plan additional axial systems that make apparent the underlying bases of the specific programme.

As if looking forward to future evolutions, frontality and rotation confront one another in this project, simply syllabizing the grammar and syntax of the construction.

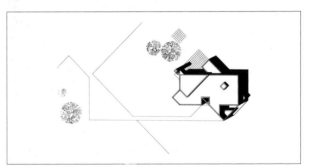

Izquierda: Planta volumétrica
Debajo: Planta baja

Left: Volumetric plan
Ground floor plan

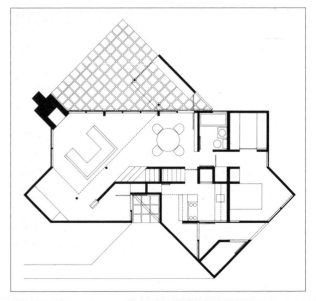

Página siguiente:
Vistas de la fachada, muy cerrada, que da a la calle y de la fachada oeste, a la cual dan la sala de estar y los dormitorios

Facing page:
The largely closed side seen from the road and the west facade, with the living room and bedrooms opening to the exterior

1967-1969   Casa Saltzman, East Hampton (Nueva York)

Situada ante un molino de viento, la casa Saltzman lleva a cabo las indicaciones apuntadas en las dos viviendas precedentes.
De hecho, la casa se configura como un sistema espacial articulado, y Meier se dedica a verificar la simbiosis entre un sistema exterior, de volumetría claramente definida, y la rica complejidad de los interiores; complejidad, que deja entrever a través de la amplia abertura de la fachada curva, evitando así que pudiesen suscitarse, aunque de forma teórica, dos formas distintas de aproximación proyectual.
La "calma" casi urbana de este proyecto deriva de la descomposición de los dos volúmenes principales, de la implantación de la altura y del simple claroscuro que crea aquella especie de clasicismo y majestuosidad que tradicionalmente caracteriza a la arquitectura de las afueras de Nueva York.
El ábaco arquitectónico se enriquece ulteriormente respecto a las casas Smith y Hoffman; aquí no aparece el elemento vertical, mientras que el voladizo enriquece el manierismo que aflora con claridad, y encuentra en el color (o mejor dicho, en la ausencia de color) un preciso elemento de exaltación del conjunto. Esta arquitectura sólo puede ser blanca.
La casa Saltzman, a diferencia de las otras, crea un lugar y un área de intervención propios, dialogando no tanto con el terreno circundante como con el océano distante, pero visible desde lo alto de sus volúmenes.
La cubierta plana se convierte por lo tanto en un lugar al que se dedica una atención especial que condiciona el desarrollo de todo el proyecto. El paso cubierto entre la casa y el pabellón de invitados –que es el elemento de

1967-1969   Saltzman house, East Hampton (N.Y.)

With an old windmill in the background, the Saltzman house brings to a conclusion the unexpressed implications of the previous two projects for private houses.
In effect, the house here becomes an articulated spatial system, with Meier exerting himself to demonstrate the symbiosis between an external system with a clearly defined volumetry and the rich complexity of the interiors; a complexity that he allows to be perceived by way of the wide cut in the curving facade, thus excluding the possibility, even on the theoretical level, of two different ways of approaching the project.
The almost urban "calm" of this scheme derives from the breaking down of the two volumes, from the fixing of the heights and the *chiaroscuro* simplicity that creates that sense of classicism and grandeur in which local non-urban architecture is traditionally rich.
The architectural frame is now richer than in the earlier Smith and Hoffman houses: the vertical element makes no appearance here, while the projection enriches the mannerism that clearly flourishes here and finds in the question of colour (or rather the absence of colour) a precise element with which to exalt the whole. This is an architecture that could be nothing other than white.
The Saltzman house, unlike its predecessors, creates a space for itself and its own field of intervention, engaging in dialogue not only with the surrounding terrain but with the ocean, distant yet visible from the upper part of the house's volumes.
The roof is consequently a focus of considerable design attention, effectively drawing together the scheme as a whole. The

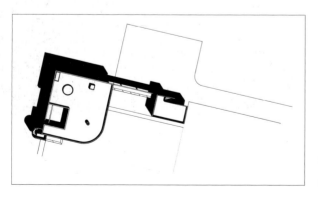

Planta volumétrica

Volumetric plan

mayor expresividad arquitectónica, también de resolución horizontal– intersecciona la escalera o, mejor dicho, los recorridos verticales, única concesión que el espacio encerrado en sí mismo de esta *mansion* moderna concede al paisaje llano de Long Island.

projecting canopy of the roof –here the most architecturally expressive element, as well as being the horizontal conclusion– is brought to intersect with the spiral stairs, or rather, with the vertical circulation, the sole concession made by the imploded space of this modern "mansion" to the level landscape of Long Island.

Arriba: Fachada sobre el océano
Debajo: La pequeña casa para invitados, situada a la izquierda, se comunica con el cuerpo principal mediante una pasarela

Above: The seaward facade
Below: The small house for guests, on the left, is connected to the main volume by way of a footbridge

1967-1970 Viviendas para artistas Westbeth, Nueva York

Westbeth representa, en diversos sentidos, el preámbulo de una relación proyectual con la ciudad. El complejo, encarado al río Hudson, en los confines con el Greenwich Village, tiene su origen en una operación de reestructuración de un antiguo edificio comercial, transformado en residencia para una comunidad de artistas. La intervencion de algunos patrocinadores hizo posible la realización del proyecto, que preveía, entre otros objetivos, el complementar los apartamentos con equipamientos diversos como galerías de exposiciones, estudios de danza, gabinetes fotográficos, e incluso, un teatro.

Antigua sede de los Bell Telephone Laboratories, el complejo revela, sólo parcialmente y en el exterior, las trazas de la rehabilitación realizada sobre 13 plantas y cerca de 55.000 m² de superficie. Es en los interiores donde se muestra una notable variedad tipológica, obtenida dejando inalterada la parte estructural de los laboratorios y forzando los límites de la normativa relativa a la construcción residencial económica; estándares restrictivos para ambientes destinados a artistas.

El verdadero núcleo de la intervención lo constituye el patio interior, obtenido tras el derribo de dos almacenes. Es el espacio con mayor carácter formal gracias a la secuencia de balcones semicirculares de los apartamentos dúplex. Dicha secuencia tiene como estrategia una arquitectónica cuya finalidad es engarzar, integrar el patio a lo construido.

1967-1970 Westbeth Artists' Housing, New York

Westbeth marks in a number of ways the beginning of a design relationship with the city. The complex, overlooking the Hudson River on the edge of Greenwich Village, is based on the conversion of an old industrial building as housing for artists. The intervention of sponsors made it possible to go ahead with the project, which envisaged the incorporation alongside the residential function of facilities such as exhibition galleries, dance workshops, photography studios and even a theatre.

Originally the Bell Telephone Laboratories, the building only partially reveals on the exterior traces of the conversion of its 13 floors. With a surface area of 55,000 m², it is the interiors here that present a notable degree of typological variety, the result of leaving unaltered the structural bays of the laboratory and pushing to the limits the building regulations and standards applied to low-cost housing – standards too restrictive to be appropriate to spaces for artists.

The interior courtyard, achieved by removing two lofts, is the true heart of the intervention as a whole. This space is endowed with a more formal character thanks to the sequence of semicircular balconies of the duplex apartments that are exploited as an architectural stratagem with the purpose of fixing and integrating the courtyard into the construction as a whole.

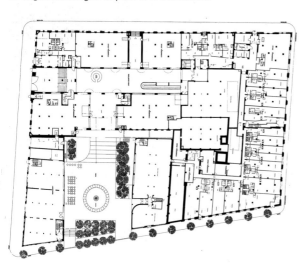

Planta del acceso

Plan of the street level

Pequeño patio interior al cual se
accede a través de la entrada
principal

The little interior courtyard onto
which the main access opens

1968 Centro de Educación Física y Sanitaria, Fredonia (Nueva York)
Proyecto

1968 Health and Physical Education Building, State University, Fredonia (N.Y.).
Project

El placer de la composición "funcional" domina en el edificio destinado a las disciplinas deportivas de la Universidad estatal de Nueva York, en las afueras de la ciudad.
La construcción, que refleja en su composición la absoluta racionalidad ideal y mental que la ha determinado, parece haber utilizado la modulación de manera puramente instrumental, sin destacar excesivamente; compensando las masas con mucha cautela consigue ser simplemente un edificio para la práctica del deporte, no una superestructura.
El proyecto se desarrolla en dos niveles para permitir una gran variedad de funciones y zonas para el deporte a disposición de los estudiantes del *campus*; la columna vertebral de los recorridos actúa de charnela de la composición.
La perfecta funcionalidad de los servicios se consigue con aparente simplicidad; con gran refinamiento se recurre tanto a estratagemas específicamente arquitectónicas como al

The pleasure of "functional" composition is dominant in this sports building for New York State University, on the outskirts of the city. The construction, which reflects in its composition the absolute ideal and mental rationality of its conception, seems to employ the modular system in a purely instrumental fashion, without being overwhelmed by it; balancing the masses with considerable caution it succeeds in being simply a sports building, not a hyperstructure.
The project organizes on two levels the great variety of functions and spaces for sport at the disposal of the students on the campus; the vertebral circulation route asserts its status as core of the composition.
The perfect functionality of the services is achieved with apparent simplicity; nevertheless, the scheme is extremely sophisticated in its deploymenmt of specifically architectonic stratagems and the recognised values intrinsic to certain

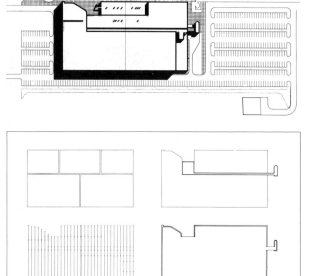

Planta volumétrica

Volumetric plan

Diagramas metodológicos de proyectación

Diagrams showing the design methodology

reconocido valor intrínseco de elementos que pertenecen al lenguaje meieriano : la escalera, el lucernario, los grandes huecos en contraposición a los grandes macizos, el uso no meramente técnico sino fuertemento controlado de la malla estructural.

elements already established in Meier's repertoire: the stairs, the skylight, the great voids and their counterpoint in the solid volumes, the not only technical but highly controlled use of the structural frame.

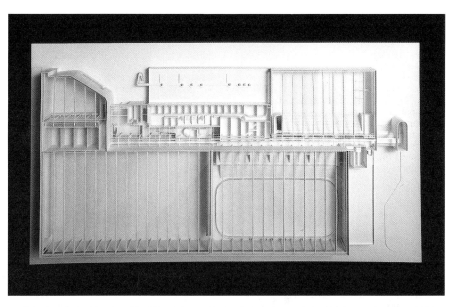

Vistas aérea de la maqueta y
detalle de la entrada principal

An aerial view of the model and
a detail of the access facade

1969 Edificios industriales para la Charles Evans Company en Fairfield y en Piscataway (Nueva Jersey). Proyecto

Los dos edificios proyectados para esta compañía parecen pedazos del Centro de Educación Física de Fredonia, en realidad fragmentos arquitectónicos en línea con la proyectación racional iniciada con el edificio universitario. En parte oficinas, en parte almacenes, y de cualquier manera polémicos en su resolución frente a la trivialidad arquitectónica que acostumbran mostrar este tipo de edificios tan característicos del paisaje de las periferias urbanas americanas.
Sencillo, con la posibilidad de distribuirse en dos niveles, el primero de los edificios. Más dinámico el segundo, destinado a un área determinada, en la proximidad a un cruce de calles en ángulo.
El revestimiento con paneles metálicos subraya y pone de manifiesto el carácter y el aspecto de "prototipo" de estas dos "máquinas" con funciones mixtas.

1969 Industrial buildings for the Charles Evans Company in Fairfield and Piscataway (New Jersey). Project

Offshoots of the Education Building in Fredonia, essentially architectural fragments yet clearly in the line of rational design initiated in that project: this would seem to sum up the two buildings designed for the Charles Evans Company, part offices and part warehousing, but the project is nevertheless polemical in its confrontation with the typological banality of such structures, so characteristic of the peripheries of America's cities.
The first building is simple, possibly to be organized on two floors; the second is more dynamic, designed for a specific site in the angle of a road junction.
The cladding of metallic panels underlines and reveals the "prototype" character of these two mixed-function "machines".

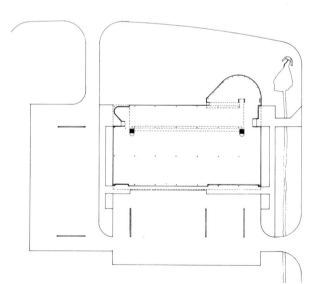

Planta del prototipo destinado a oficinas y almacenes

Plan of the draft design scheme for offices and stores

Vista exterior y axonometría del
edificio, destinado principalmente
a la exposición de los productos

Perspective and axonometric of
the building designed primarily
for use as as a showroom

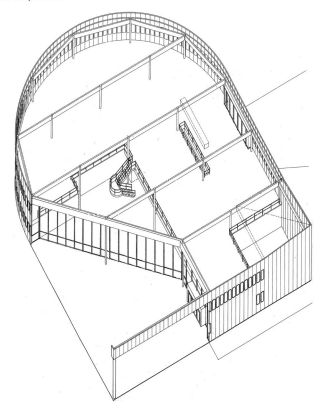

1969   Vivienda unifamiliar en Pound Ridge (Nueva York). Proyecto

Las tensiones contenidas y el dinamismo congelado de las casas Smith y Saltzman encuentran en la casa en Pound Ridge (desgraciadamente no realizada) una dimensión global en la cual los elementos verticales y horizontales se equilibran perfectamente. El sentido de la sabiduría que hasta ahora había organizado la planimetría, tridimensionalizando la naturaleza bidimensional, así como el movimiento de los cuadros cubistas, diluye el propio rigor en una soltura más tranquilizadora.

El programa se respeta, como es obvio, pero adaptándose sin forzarlo a la orografía del lugar, con sencillas y fluidas conexiones entre los tres volúmenes que componen el proyecto (el garaje, la vivienda y la cabaña con los vestuarios al lado de la piscina). Tres cuerpos sólidos unidos solamente por medio de un muro bajo, realizado con piedras del lugar, que define la secuencia del complejo.

La tensión general se concentra así en la casa convertida en palacio y en el juego de los volúmenes contrapuestos a la estructura. Los recursos constructivos de Meier entran en juego: pilares, cubierta y divisiones, no son sólo simples estructuras de soporte eventualmente desagregables, sino que todos ellos se equiparan de forma semántica. Desde la planta, el edificio revela la simplicidad de la implantación que comportan los diversos sistemas de circulación, el perímetro y la estructura, cuya coincidencia genera una malla envolvente ideal de insospechados aspectos neoplásticos.

1969   House at Pound Ridge (N.Y.). Project

The contained tensions and frozen dynamism of the Smith and Saltzman houses attain in this –unfortunately never constructed– house at Pound Ridge a global dimension in which the vertical and the horizontal elements are perfectly balanced. The intelligent boundary that in previous projects had organized the plan as if translating into three dimensions the two-dimensionality and the movement of Cubist painting, here has its rigour tempered in a more reassuring looseness

The programme is respected, as is obvious, but is adapted gently and without strain to the topography of the location, with simple, fluid connections between the three volumes that make up the project (the garage, the house and the changing cabin by the swimming pool). Three solids linked only by the low wall, extracted out of the rocky site itself, that more than anything else defines the sequence of the complex.

The general tension is thus concentrated on the house as mansion and on the play of volumes in counterpoint to the structure. Meier's construction mechanisms are here brought into concert: pillars, roof, partitions are no longer simple and contingently dispensable structural supports, but are accorded semantic equivalence. The building reveals in plan the simplicity of its positioning on site; this is evident in the various circulation routes, the definition of the perimeter and the structure, contained within an ideal grid characterized by unexpected neoplastic details.

The sequence of solids and voids deployed

Planta volumétrica

Volumetric plan

La secuencia vacío-lleno desarrollada en dos fachadas opuestas permite vislumbrar la cadencia de las columnas y el maquinismo organizativo de los volúmenes de servicio, que trasvasan el dinamismo de su composición a una fachada absolutamente simétrica.

on two opposing facades thus serves to articulate the cadence of the columns and the organizational mechanicism of the service volumes that transfer and attenuate the dynamism of their composition on an absolutely symmetrical facade.

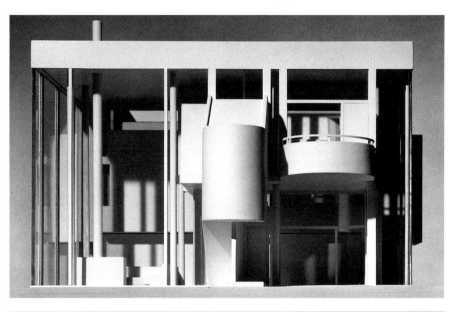

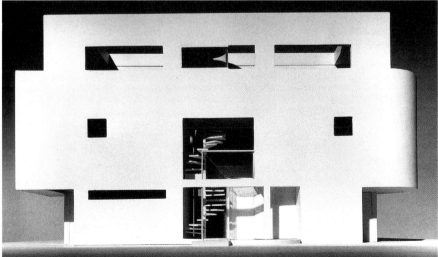

Las dos fachadas opuestas

The two opposing facades

1969-1971 Vivienda unifamiliar en Old Westbury (Nueva York)

Esta casa se realiza según los cánones del movimiento moderno más clásico y ortodoxo, aquí convertidos en rasgos fascinantes a partir de la exaltación del sistema de recorridos. El encanto del proyecto reside en la transparencia de las imágenes nocturnas en una insospechada identidad con el paisaje.

La axialidad, el patio, la estructura son, como siempre, funciones del exterior, que encuentran uno o más puntos de compenetración con la compleja organización de los espacios interiores; en este caso una pasarela acristalada que une los dos cuerpos, aligerando la rigidez de la implantación.

La búsqueda de los cortes y las aberturas, así como la de su sentido, es una operación llevada a cabo desde el léxico lecorbuseriano, y pone a punto tácticas para intervenciones de mayor envergadura.

Las notables dimensiones del edificio están motivadas por las necesidades del cliente. Los propietarios tienen seis hijos y la casa tiene once dormitorios. Esto explica la longitud y la adecuación del edificio tanto a la naturaleza del lugar –una zona de Long Island situada aproximadamente a una hora de coche de Nueva York–, como a las necesidades funcionales. Invisible desde la calle, este proyecto en *longueur* se desarrolla a lo largo de la línea de fuerza de los recorridos (situación enfatizada por una línea de pilares de acero que se prolonga hacia el exterior hasta el final del camino de acceso); y crea en el patio una agradable área privada aislada respecto a la zona de la piscina, aunque alineada con el conjunto.

La casa puede utilizarse tanto "por estratos" o niveles horizontales (excepto el último nivel bajo la cubierta), como verticales, por medio de los episodios "núcleo" o bisagra, como la escalera de la zona de estar, que envuelve

1969-1971 House in Old Westbury (N.Y.)

This house operates within the postulates of the most classical and orthodox Modernism, made fascinating here by the exaltation of the circulation system. The charm of the project lies in the transparency of the house at night –evocative of familiarly urban images– in its unexpected unity with the landscape.

The axiality, the section and the structure are, as always, functions of the exterior, which nevertheless finds one or more points of interpenetration with the complex organization of the residential spaces: in this case, a glazed gallery that links the two volumes and at the same time moderates the rigidity of the layout.

The subtle sophistication of the voids and openings and their direction is accomplished in the terms of a vocabulary borrowed from Le Corbusier, and serves to refine tactics for future interventions on a larger scale.

The project owes its considerable dimensions to the size of the client's family, with six children; the house has eleven bedrooms. This explains the elongation of the building and its adaptation to both its natural environment –an area of Long Island about one hour's drive from New York– and to the functional requirements of the brief. Invisible from the road, this project en *longueur* is developed along the lines of force of the circulation routes (a condition emphasized by the sequence of steel pillars that continues out to the exterior at the end of the access path), and creates in the courtyard space a pleasant private area, effectively secluded from the swimming pool and aligned with the complex as a whole.

The house can thus be enjoyed "by strata" or horizontal levels (including the roof) and by vertical sequence, on the basis of "fulcrum" or hinge episodes such as the stairs in the

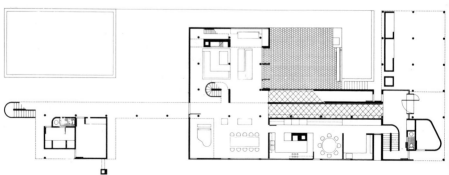

una pilastra y emerge sobre la cubierta como un volumen lleno.

El espacio colectivo a doble altura de la zona de día, en su entronque con la pasarela, es uno de los aspectos más interesantes y conseguidos del proyecto.

living room, which wind around a pillar to emerge as a solid volume on the roof.

The double-height communal space of the living room, receiving the entry of the glazed gallery, is one of the project's most interesting and successful episodes.

Fachada principal, la rampa acristalada y la entrada bajo el porche

The main facade, the glazed ramp and the entrance inside the portico

1969-1974   Centro Experimental Monroe, Rochester (Nueva York). Con Todd & Giroux

1969-1974   Monroe Developmental Center, Rochester (N.Y.). With Todd & Giroux

La sensación que transmite la planta de este hospital es la de una forma quebrada, casi como recortada a partir de una única figura geométrica. Al mismo tiempo, también nos transmite una idea de máxima compenetración y adaptación al terreno circundante.
El proyecto tuvo la suerte de estar basado en un programa extremadamente claro: se trataba de proporcionar un cierto número de unidades residenciales a cerca de 500 enfermos deficientes mentales, jóvenes y adultos, que guardan cama.
La matriz de la planta es ineluctablemente cuadrada; de ella se obtienen una serie de unidades residenciales, dispuestas a lo largo del perímetro de base como en un grande y único *puzzle*. Cada núcleo acoge a unas 25 personas y procura recrear un ambiente abierto al mundo exterior, siempre orientado hacia la calle de acceso; las estructuras comunitarias se concentran en cambio en el centro del cuadrado y comprenden varios equipamientos (piscina, cafetería, gimnasio) así como las zonas para los exámenes, diagnósticos y tratamiento ambulatorio.
El césped cubre las suaves pendientes del terreno, alternando con espacios pseudo-privados de instalaciones colectivas, como un teatro y una escuela al aire libre

An indented form, as if cut out of a single geometrical figure: this is the impression transmitted by the plan of the hospital, together with a sense of maximum interpenetration with and adaptation to the surrounding landscape.
The project, benefits from the exceptional clarity of the underlying programme: the brief called for the construction of a certain number of residential units for some 500 mentally handicapped patients, both young people and adults.
The matrix of the plan is uncompromisingly square; this square accommodates a series of residential units laid out along the base perimeter like pieces in a great jigsaw puzzle. Each nucleus houses about 25 people, and the scheme is concerned to create an environment sufficiently open to the outside world, always oriented towards the access road; in contrast, the communal structures are concentrated in the centre of the square and comprise various amenities (swimming pool, cafeteria, gymnasium) as well as the areas for out-patient consultations and treatment. The gently sloping site is planted with grass, and semi-private spaces alternate with public amenities such as a theatre and an open-air school.

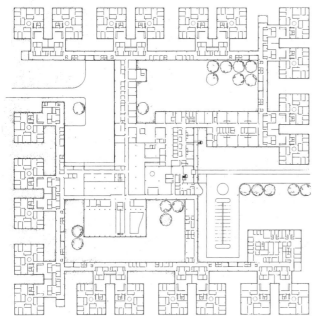

Planta baja

Ground floor plan

Página siguiente:
Dos vistas de los patios que albergan los servicios sanitarios y colectivos

Facing page:
Views of the courtyards containing sanitary and communal facilities

1969-1974   Viviendas en Twin Parks Northeast, Bronx, Nueva York

El proyecto forma parte de una intervención más amplia realizada por el UDG (Urban Design Group) del *New York City Planning Group* que convoca a diversos arquitectos para recalificar las zonas más deprimidas del Bronx.

East Tremont, la zona correspondiente a Meier, era anteriormente un barrio formado por una comunidad católica de origen italiano que, a lo largo del tiempo, se fue transformando en una comunidad mixta. El plan tiene como objetivo actuar sobre un tejido urbano de viviendas de bajo coste para conseguir la revitalización del barrio mediante la implantación de espacios y equipamientos tanto públicos como privados.

Las premisas fundamentales en las que se basa la intervención son suficientemente claras: crear una complejidad de situaciones ambientales, en el interior de una secuencia de edificios, de proporciones similares a los existentes, rematados por edificios-torre, principal aspecto de la intervención.

El proyecto se desarrolla pues tanto en extensión como en altura, con la intención de conectar con dos manzanas limítrofes y evitar la marginación de los edificios aislados de las mismas.

La versión realizada difiere ligeramente de la que figuraba en el proyecto, hecho que sucede habitualmente. Sin embargo, no se ha realizado ninguna concesión a las limitaciones de la "memoria": la calidad de la intervención se consigue mediante el uso de elementos que, en sustancia, son extraños a la monótona serialidad de las edificaciones del lugar (casas en hilera), pero no por esto el resultado queda desarraigado del contexto. Pilotis, ventanas horizontales continuas, volúmenes

1969-1974   Twin Parks Northeast Housing, Bronx, New York

The project is part of a much larger intervention by the UDG (Urban Design Group) of the New York City Planning Group, which invited various architects to contribute to the urban renewal of one of the most depressed areas of the Bronx.

East Tremont, the sector entrusted to Meier, was originally an Italian neighbourhood, gradually becoming over time a more mixed community. The plan envisaged construction of a low-cost residential building that would contribute to the revitalization of the area through the creation of public and private amenities and spaces.

The basic decisions underlying the intervention are perfectly clear: to create a complex of environments and situations in the interior of a sequence of built volumes essentially analogous in their proportions to the existing buildings, bounded by the tower blocks that are the real bastions of the intervention.

The project was thus developed longitudinally rather than vertically with the idea of connecting together the two extreme points and avoiding the rigidity of isolated volumes. The project as built is slightly different from the original design, as is so often the case. However, there is no concession here to the restrictions of "memory": the quality of the intervention is achieved through the use of elements that are substantially foreign to the serial monotony of the surrounding built fabric (rows of tenement blocks), yet this does not result in its being detached from the overall complexity of the context. *Pilotis*, windows in continuous bands and forthright volumes define the built environments with great rigour.

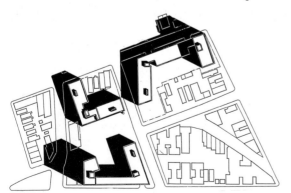

Planta volumétrica

Volumetric plan

Página siguiente:
Fachada a Garden Street

Facing page:
The Garden Street facade

contundentes, definen los ambientes con gran rigor.

El mérito principal del proyecto reside en el sentido de la "medida", de las posibilidades arquitectónicas en relación con la capacidad del entorno y en la determinación de no reducir el nivel de calidad del producto cuando se está frente a restricciones económicas y sociales. Calibrando función y fruición, un fragmento de arquitectura moderna puede no sólo sobrevivir sino ser absorbido hasta llegar a formar parte de una realidad compleja como la del Bronx.

The principal virtue of this project lies in this sense of the "measure" of the architectural possibilities in relation to the capacity of the environment and in the determination not to lower the quality of the product in the face of social and financial restrictions. Callibrating function and fruition, a fragment of modern architecture has not only survived but been absorbed and come to form part of a highly complex reality such as that of the Bronx.

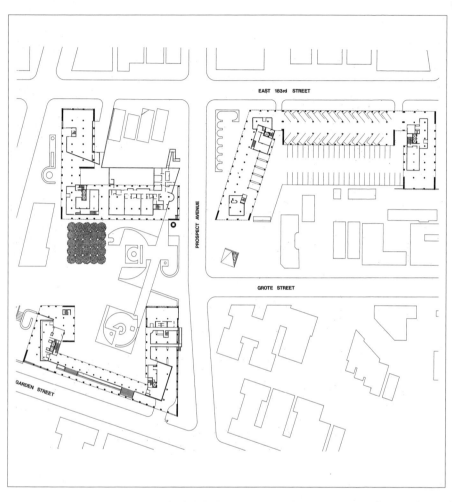

EAST 183rd STREET

PROSPECT AVENUE

GROTE STREET

GARDEN STREET

Arriba: Planta al nivel de la calle
Derecha: Espacio interior del
conjunto

Above: Plan of the street level
Right: An area in the interior of
the complex

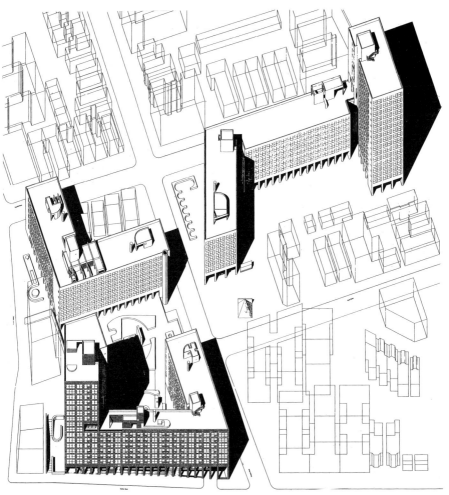

Arriba: Axonometría
Derecha: Vista desde Prospect
Avenue

Above: Axonometric sketch
Right: A view from Prospect
Avenue

1970-1977   Centro Experimental Bronx, Bronx, Nueva York

Este hospital es quizás el proyecto mediante el cual Meier pasa de los proyectos a escala reducida a los de grandes dimensiones fusionando criterios básicos experimentados en situaciones diversas y en constante evolución. El programa es extremadamente complejo tanto en términos operativos (se trata de un centro para niños deficientes) como expresivos, dada la falta de calidad del área suburbana en la que se realiza la intervención.

La respuesta es diferenciada. Un edificio líneal de gran longitud delimita el frente de acceso oeste enlazando por su parte posterior con los edificios fragmentados destinados a la hospitalización de los 380 enfermos.

Como sucede en todos los proyectos de Meier, la percepción visual manifiesta con inmediatez las finalidades funcionales. El edificio de entrada, perfectamente identificable a primera vista, alberga los espacios públicos y sanitarios; la secuencia de los cuatro cuerpos separados contiene los locales destinados a residencia hospitalaria de los niños, y, eventualmente, de sus familiares. Una única y larga galería acristalada forma el cordón umbilical de esta residencia especial, constituida por módulos que están muy lejos de la imagen habitual de cualquier tipología hospitalaria.

El aluminio, material de dificilísima utilización, se convierte en protagonista de este programa. Aquí es concebido como esencia del proyecto, como parte fundamental del sistema de cerramiento, como sede del sistema venoso del organismo. Los paneles, simplemente fijados a la estructura de acero, albergan las canalizaciones principales, la carpintería, las rejillas de ventilación así como los materiales de aislamiento.

El largo viaje en la memoria histórica conduce a la puesta a punto de un mecanismo fun-

1970-1977   Bronx Developmental Center, Bronx, New York

This hospital is perhaps the keystone with which Meier connected the works on a smaller scale with those of considerably grander dimensions, forging together previously explored underlying principles in a variety of diferent situations and in constant evolution. The programme is extremely complex, in terms of both function (a facility for handicapped children) and expression, given the absence of urban qualities in the peripheral site.

The response is differentiated. A long linear building delimits the west entrance facade, connecting to the rear with the serrated sequence of the residential blocks accommodating 380 patients. As in all of Meier's projects, the visual appearance immediately reflects the functional objectives. The access building –perfectly evident as such at first glance– accommodates the public and medical spaces; the sequence of four separate volumes contains the wards and day rooms for the young patients and, on occasion, their families. A single long glazed gallery is the umbilical cord of this special facility, made up of residential blocks far removed from the traditional image of the hospital typology.

The aluminium, a notoriously difficult material to handle well, takes charge of the programme here: conceived as the essence of the project, as a fundamental part of the construction system, as site of the organism's arterial network. The panels, simply attached to the steel load-bearing structure, in fact house the main conduits, the window frames and the ventilation grilles, as well as providing insulation.

The long journey through the historical memory leads up to the elaboration of a functional artifact of definitive simplicity, both

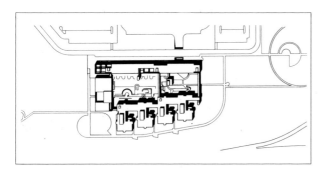

Planta volumétrica

Volumetric plan

cional definitivamente simple, tanto desde un punto de vista ideal como constructivo.

Raramente la arquitectura ha sido tan detalladamente preconstituida: ventanas horizontales continuas, pilotis, conductos metálicos conviven con *bay windows* y los últimos avances de la electrónica. Dos tradiciones arquitectónicas, las *unités d'habitation* y las *brown houses*, se unen con el fin de crear un conjunto espacial muy lejano del de su función primaria, la hospitalaria.

Como diría Hejduk, esto es Arquitectura.

ideally and in construction terms. Architecture has only rarely been executed with such attention to detail: continuous strips of windows, *pilotis* and tubular metal coexist alongside bay windows and state-of-the-art electronics. Two architectural traditions, the *unités d'habitation* and the brown house tenement, come together to create a built environment that transcends its primary function as a hospital.

To echo Hejduk, this is Architecture.

Arriba: El edificio de acceso
Debajo: La fachada norte

Above: The access building
Below: The north facade

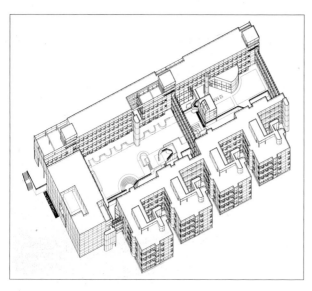

Axonometría general del complejo

General axonometric of the complex

Axonometría de la unidad residencial tipo

Axonometric of a typical residential unit

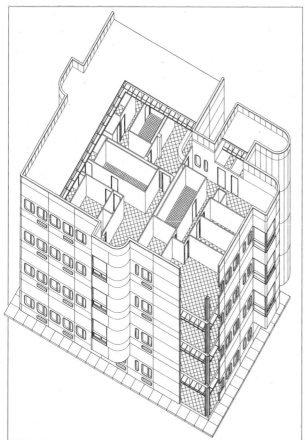

Página siguiente:
Vista de un patio interior y planta del conjunto

Facing page:
View of an interior courtyard and plan of the complex

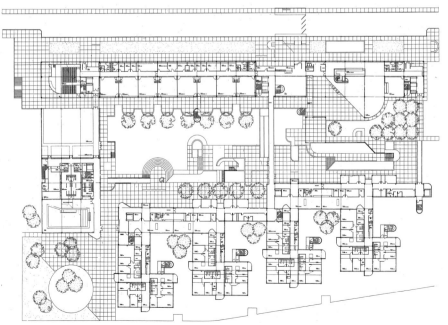

1971-1976　Casa Maidman, Sands Point (Nueva York)

Es extremadamente interesante para un arquitecto que se pueda actuar sin restricciones en una intervención de restauración de un edificio más bien anónimo. Esta es una obra que se encuentra quizás a medio camino entre la verificación de alguna estrategia proyectual y el *divertissement* (aunque sea contenido), acorde al espíritu de Meier. Este estado de ánimo se explicita claramente tanto en el forzado neorromanticismo de los "añadidos" exteriores como en los más complejos, pero desenvueltos interiores en los que, además de las usuales tácticas proyectuales (doble volumen para los espacios comunes, lucernarios, estructura vista, recurso de las franjas horizontales) interviene mediante el uso del color y las canalizaciones vistas.

El punto de fabulación casi indispensable, dada la magnífica situación de la casa, lo constituye una escalera de caracol, translúcida, que parece atornillar todo el edificio al suelo pero también a una forma de vida más dinámica.

La planta constituye el mejor ejemplo de cómo la proyectación ha verificado sus premisas de intervención incluso en situaciones de injerto arquitectónico. No se trata de universalizar el principio, pero la situación, en su singularidad, es de cualquier modo interesante.

La planta se convierte en una implantación cubista y compromete tanto al exterior como a la parte preexistente en un recorrido hacia atrás en el tiempo para poder así, luego, andar hacia adelante. Todo responde a la distribución típica de la casa fuera de la ciudad:

1971-1976　Maidman house, Sands Point (N.Y.)

It is an extremely interesting opportunity for an architect to be given a free hand in the remodelling of an effectively anonymous existing building. This, then, is a project that lies half way between the verification of certain design strategies and a pure *divertissement*, albeit appropriately contained, in Meier's typical fashion. This approach is made clearly explicit, as much in the forced neo-Romanticism of the "additions" to the exterior as in the more complicated yet easily casual interiors where, together with the usual design tactics (double-height volumes for the communal spaces, roof light, exposed structure, recurrence of the horizontal bands), it is evident in the use of colour and the exposed ducting.

The all but indispensable touch of fantasy invited by the magnificent situation occupied by the house is found in the translucent spiral stair that seems to screw the whole building to the ground and to a more dynamic way of life.

The plan affords the best example of the way Meier's design approach reappraised its premisses, even for an intervention such as this remodelling or architectural grafting. This is not to seek to universalize the principle, although the situation is nevertheless interesting in its singularity.

The plan becomes here a cubist layout, engaging with equal effectiveness both the exterior and the existing elements in this journey back through time that serves as a basis for moving forward. The scheme as a whole adopts the distribution typical of a

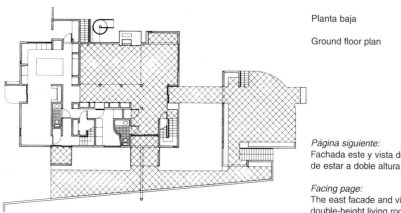

Planta baja

Ground floor plan

Página siguiente:
Fachada este y vista de la sala de estar a doble altura

Facing page:
The east facade and view of the double-height living room

54

zona para los niños en la última planta, con escalera-tobogán de emergencia y el lucernario, zona de dormitorios en la primera planta, cocina y estar en la planta baja con doble volumen. Esta es una disposición clásica en Estados Unidos y es ideal para el uso al que está destinada, situada en las inmediaciones de las playas de Long Island.

house outside the city: the children's area is on the top floor with the emergency fire stairs and the roof light, the bedroom zone on the first floor, kitchen and living room on the double-height ground floor. This classic American layout is ideally suited to the programme of uses for this house near the beach on Long Island.

1971-1973   Casa Douglas, Harbor Springs (Michigan)

El largo recorrido en el proceso de fruición absoluta del espacio, iniciado con la casa Smith, alcanza su culminación en esta residencia a través de un continuo intercambio de sugerencias entre paisaje natural y paisaje artificial, confrontados a un nivel paritario.
La majestuosidad del lugar se enfrenta con la inserción de un elemento máquina, desprovisto de inhibiciones y de cualquier intento de mediación proyectual.
La casa intenta por el contrario exhibir todos sus mecanismos vitales: pasarelas, chimeneas, o el mismo podio basamental, calibrados por medio de un buscado sentido de la perfección y del equilibrio compositivo del conjunto.
El resultado es una *machine à habiter* llevada casi al límite del proyecto, que sorprende por la sensación de aparente desarraigo de la imagen-arquetipo de la vivienda, corroída por la transparencia y con una imagen surreal debido a la magia de la ausencia de color. En realidad Meier no hace más que perfeccionar –estimulado por el lugar– su metodología proyectual, en la cual la subdivisión entre público y privado, interior y exterior, sólido y transparente tienen el mismo común denominador, tanto en la casa Smith como en otras viviendas posteriores. En sus viviendas las relaciones del conjunto (el paisaje, la horizontalidad, la verticalidad, el espacio *in toto*)
tienen siempre una base de analogías muy sutiles.
Con tales antecedentes el esfuerzo proyectual tiende a abordar una forma de absolutismo de la perfección, llevado al límite de la abstracción para, desde esta situación, dialogar con el todo universalizando el resultado y haciéndolo altamente conceptual. Por lo tanto, Meier es capaz de proponerse como prototipo además de como objeto finito, una especie de astronave "estática" a lo Julio Verne, temporalmente anclada en la realidad gracias a un simple gesto: el de la delgada pasarela de acceso.
La casa se levanta sobre un terreno abrupto, cortado a pico sobre el lago Michigan, en medio de un magnífico bosque. El edificio es accesible desde el nivel superior por medio de una pasarela que conduce a una especie de puente de mando. Desde aquí el edificio se desarrolla por los cinco niveles proyectados en la amplitud del panorama. La *praxis* habitual de Meier de transformar los recorridos en situaciones arquitectónicas, alcanza en este proyecto su punto culminante

1971-1973   Douglas house, Harbor Springs (Michigan)

The long journey through the process of absolute exploitation of the space, initiated with the Smith house, reaches its culmination with this project, in its continuous exchange of suggestions between the natural and the artificial landscape. The majesty of the setting is confronted by the introduction of a machine-like element free of any inhibitions and any concern with mediating the design. Thus the house seeks in effect to manifest all of its vital mechanisms, its gangways, stairs, circulation routes and galleries, even the podium itself on which it stands, callibrated by means of a deliberate sense of the openings and the compositional equilibrium of the complex whole.
The result is a *machine à habiter* taken almost to the limits of design, astounding in its apparent eradication of the archetypal image of the private house, eroded by means of the transparency and rendered surreal by the magical absence of colour. In fact, Meier is here doing no more than perfecting –stimulated by the place– his own design methodology, in which the division between the public and private, interior and exterior, solid and transparent share in the same common denominator as in the Smith house and in other subsequent projects; where the complex relationships (the landscape, the horizontality, the verticality, the space *in toto*) always rests on a basis of extremely subtle analogies.
With criteria such as these the design effort tends to approach a form of absolutism of perfection, in the sense of carrying its abstraction to the limits, and in this way creating a dialogue with the whole, universalizing the result and making it highly conceptual. It thus presents itself as much as a prototype as a finished object, a kind of "static" spaceship out of Jules Verne, temporarily anchored to reality by means of a simple sign: that of the access bridge-gangway.
The house rises out of the steeply sloping terrain, almost vertically above the waters of Lake Michigan, surrounded by magnificent woodland. Access to the building is from the top, by way of the gangway that leads to a drawbridge, and on down to the five levels of the house, designed to stand amid the grandeur of the natural panorama. Meier's habitual practice of converting the circulation into architectural situations reaches its highest point in this project, engaging with

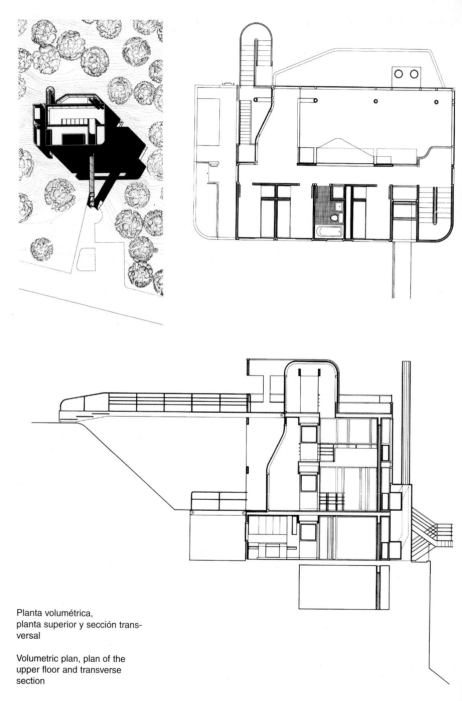

Planta volumétrica,
planta superior y sección transversal

Volumetric plan, plan of the
upper floor and transverse
section

Vista de la terraza con vistas
sobre el lago

A view of the terrace
overlooking the lake

mediante la complicidad de la naturaleza, un mecanismo ya utilizado con anterioridad. También la casa Douglas, como la casa Shamberg, tiene una fachada privada, cerrada (la interior) y otra acristalada, proyectada hacia el lago y destinada a las funciones colectivas, con los diversos recorridos (ya sean verticales u horizontales) confluyendo en la terraza principal.

En esta fachada es donde se produce el desafío al espacio, llevado a dimensiones atemporales, en la indiferencia ante el "casi sentido del vértigo" y la afirmación de la propia identidad. Las partes más operativas y los dormitorios asoman al vacío sobre el terreno; los espacios colectivos sobre el vacío de la fachada acristalada, siempre en voladizo respecto a la estructura de pilares y separados de la misma.

La estrategia se hace más evidente por la aparición de las chimeneas de acero, metáfora del alma de motores inexistentes y parámetro de una relación con el infinito circundante para quien se mueve en los puentes, desciende por la escalera y descubre las infinitas variantes de recorrido interior que el objeto máquina pone a su disposición.

nature on the basis of a tried and tested mechanism.

The Douglas house, like the Shamberg house, has a closed, private facade (on the landward side) and a glazed facade, overlooking the lake and accomodating the communal spaces, with the series of vertical and horizontal circulation routes brought to converge on the main terrace.

It is on this lakeside facade that the challenge of space is shifted here onto a timeless plane, in its indifference to the "virtual sense of vertigo" and its affirmation of its own identity. The more functionally operational zones and the bedrooms look onto the void on the landward side; the communal spaces open onto the void of the glazed facade, at once projecting beyond and detached from the structure of pillars. The stratagem is made all the more evident by the projecting presence of the steel chimneys, as metaphor for the nonexistent motor core and parameter of a rapport with the surrounding infinity of space for the visitor who crosses the bridges, descends the stairs and discovers the infinite variations of the internal circulation that the machine-object has to offer.

1971   Estudio para las filiales Olivetti en Estados Unidos: Irvine (California), Brooklyn (Nueva York), Minneapolis (MInnesota), Boston (Massachusetts), Kansas City (Missouri), Paterson (Nueva Jersey). Proyecto

El cliente requiere un edificio "manifiesto", que pueda situarse en diversos lugares de Estados Unidos, de modo que asegure una personalización de la imagen general, flexible y adaptable a las especificidades, no sólo funcionales, sino también de los distintos emplazamientos.

El proyecto institucionaliza como punto de partida diversas propuestas arquitectónicas capaces de asegurar el cumplimiento de las premisas anteriores en las distintas situaciones urbanísticas y consigue a la vez que sean garantía estética. Meier intenta el difícil objetivo de generalizar, sin trivializar, el producto final, puesto continuamente a dura prueba, independientemente de la calidad específica, por la obsesión de la repetición. Aprovechando una malla de anchura indefinida, interviene con un cerramiento deducido de inderogables *input* del programa como las circulaciones y el acceso. Cada variación deseable sólo es factible en anchura y siempre en el interior de situaciones previstas o previsibles.

Se reafirman aquí los arquetipos de fondo, que ya aparecían en los proyectos análogos del Centro de Educación y de los edificios industriales Charles Evans, refinando el complejo sistema de montaje: la escalera de caracol como elemento que remata la composición y el desarrollo lineal; el lucernario, así como la luz natural, como guía de la espina dorsal de los recorridos interiores; de modo que los sistemas arquitectónicos coincidan con las líneas de fuerza que aparecen como base de la planta; el volumen de doble altura con escalera proyectada contra el elegante movimiento de la pared curva.

1971   Study for the Olivetti subsidiary in the USA: Irvine (California), Brooklyn (N.Y.), Minneapolis (Minnesota), Boston (Massachusetts), Kansas City (Missouri), Paterson (New Jersey). Project

The brief called for a "manifesto" building that could be constructed in different cities across the United States, and would ensure a degree of individualization of the general aspect, flexible and adaptable to specific local conditions –not only physical– of the site. The project institutionalizes as its point of departure a series of architectural premises capable of guaranteeing its effective implementation in the various urbanistic situations as well as its aesthetic quality. Meier is here pursuing the far from easy objective of generalizing the final product without making it banal, and the project is subject to considerable additional stress –quite apart from its specific quality– by the obsession with repetition.

The plan deploys a grid of variable extension, intervening with a perimeter derived from fundamental aspects of the programme such as the access and circulation. The potential for variation is restricted to the building's extension and always limited to envisaged or foreseeable situations.

The study thus reaffirms the same underlying archetypes present in the analogous projects for the Health and Physical Education centre and the Charles Evans industrial buildings, while refining the system of assembly: the spiral staircase as concluding element of the composition and the linear development, the skylight, and the natural light itself, as guideline of the internal circulation, so that the architectural systems coincide with the lines of force on which the plan is based; the double-height volume containing the stairs projected against the elegant movement of the curving wall.

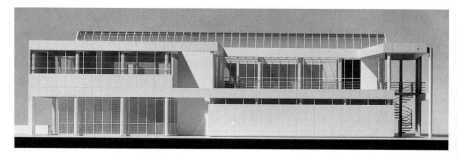

Fachada principal

The main facade

Axonometría

Axonometric sketch

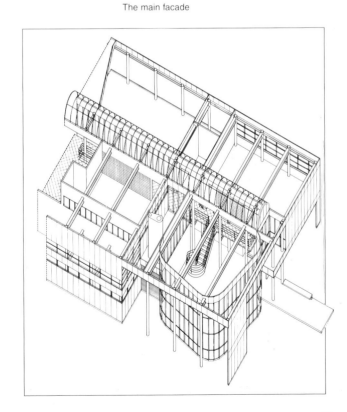

Página anterior:
Maqueta de trabajo.
Fachada lateral

Previous page:
Working model. The side
facade

1971 Variante del prototipo para las filiales Olivetti en Estados Unidos: Riverside (California), Albuquerque (Nuevo México), Tucson (Arizona), Forth Worth (Texas), Portland (Maine), Memphis (Tennessee), Roanoke (Virginia). Proyecto

Este proyecto pretende racionalizar al máximo tanto los espacios de trabajo –juzgados como excesivos en el primer prototipo– como el proceso de construcción en su totalidad. El intento de crear un proyecto arquitectónicamente cualificado que utilice elementos ya construidos, y de vez en cuando ensamblados *in situ*, fracasó debido a los elevados costes de expedición, almacenaje y mano de obra necesaria para el montaje. El prototipo, también modificado, es testimonio de que el uso de componentes serializados no siempre es una fuente de ahorro notable.

1971 Variant on the prototype for the Olivetti subsidiary in the USA: Riverside (California), Albuquerque (New Mexico), Tucson (Arizona), Fort Worth (Texas), Portland (Maine), Memphis (Tennessee), Roanoke (Virginia). Project

This project is oriented towards the maximum rationalization of both the working spaces –considered excessive in the first prototype– and of the entire construction process. The endeavour to create a satisfactory architectural project utilizing industrially manufactured components, to be assembled on site as required, was immediately undermined by the high costs of storage, transport and labour involved. The prototype, even with these modifications, serves to demonstrate that the use of industrially manufactured components does not always result in lower costs.

Maqueta de trabajo. Fachada principal

Working model. The main facade

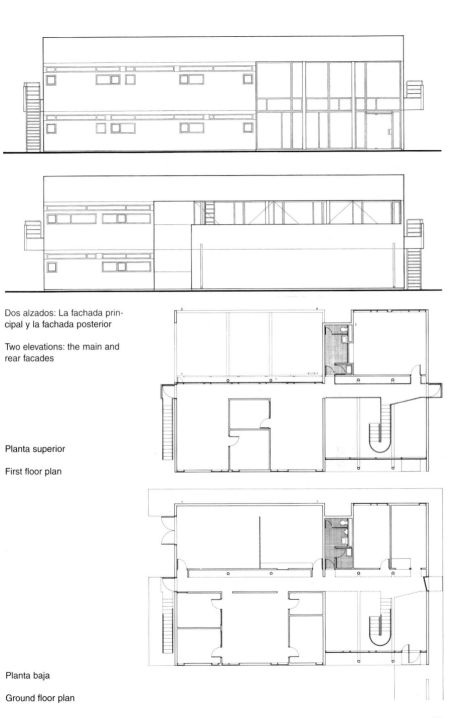

Dos alzados: La fachada principal y la fachada posterior

Two elevations: the main and rear facades

Planta superior

First floor plan

Planta baja

Ground floor plan

1971 Viviendas para el centro de adiestramiento Olivetti, Tarrytown (Nueva York). Proyecto

1971 Residences for the Olivetti training centre, Tarrytown (N.Y.). Project

Tarrytown es una pequeña ciudad dislocada a lo largo del pacífico curso del río Hudson. El paisaje con colinas, el terreno en fuerte pendiente hacia el río, las curvas de nivel de la orografía, han sugerido –entre las diversas configuraciones planimétricas estudiadas– la forma definitiva, que es la de una W.
Esta unidad de habitación, destinada a albergar uno de los dos centros de adiestramiento de la compañía (el segundo está previsto en Washington), manifiesta todavía la calma y linealidad que subsiste en algunos proyectos con destino pseudoindustrial u otros de uso no residencial; resulta muy adecuada para el tipo de uso requerido por la compañía (estancias semanales o quincenales) y por la majestuosidad del paisaje circundante. Una linealidad que explicita perfectamente la organización interior, tal como también sucedía, aunque de una manera no tan acentuada, en los edificios ya mencionados.
El cuerpo único, ondulado, rematado por los volúmenes de los vanos de las escaleras, sigue la espina del recorrido con un atrio en posición central y la rítmica secuencia de los alojamientos. En las cuatro plantas del edificio se encuentran los apartamentos de dos camas con vista panorámica. Aprovechando el desnivel existente, en el límite occidental, se sitúan otras dos plantas, suficientemente transparentes y aéreas para no dar un excesivo peso a las fachadas y no crear una especie de elemento barrera.
También en este proyecto se utiliza el panel

Tarrytown is a small city stretched out along the peaceful shores of the Hudson River. The surrounding countryside, the steep slope down to the river, the curves of the rolling topography all suggested –from amongst the various possible configurations of the layout– the modified W of the final form.
Designed for one of the Olivetti company's two training centres (the other was to be in Washington), this complex of residences possesses the same great calm and linearity that lie at the roots of some of the preceding quasi-industrial and non-residential projects, ideally suited to the type of uses called for by the client (accommodating trainees on one- or two-week courses) and to the majesty of the landscape. A linearity that makes perfectly explicit the internal organization, as it does – albeit less tangibly – in those other projects referred to above.
The single undulating block, crowned by the projecting volumes of the stair wells, is laid out on the basis of the circulation scheme, with the atrium occupying the central position in the rhythmical sequence of residential units. The two-bed units, with panoramic views of the landscape, are laid out on the four floors of the building. The slope of the site in front of the west facade is exploited to create two additional levels here, manifestly transparent and airy in order not to overwhelm the perception of the whole or create any kind of barrier.
Here once again Meier utilizes metal panels

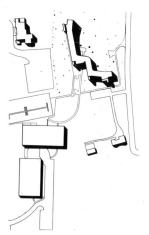

Arriba: La fachada norte se abre
sobre el río
Debajo: Vista axonométrica de
una unidad residencial tipo

Above: The complex opens
towars the river to the north
Right: Axonometric sketch of a
typical residential unit

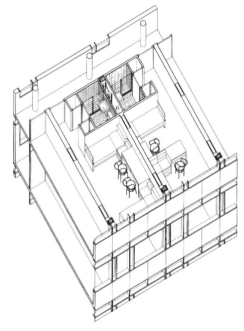

Página anterior:
Planta volumétrica y vista de la
maqueta

Previous page:
Volumetric plan and view of the
model

metálico como elemento de revestimiento principal, por lo menos en la fachada posterior. La fachada principal tiene ventanales corridos. La organización de dichos huecos contribuye a crear la atmósfera de serena habitabilidad, no excesivamente intimista, connatural a la función del edificio.

as the principal cladding element, at least on the rear facade. The front facade is marked by the bands of windows, and the organization of the openings contributes to the creation of the atmosphere of serene habitability, avoiding an excessive intimacy, appropriate to the building's function.

1971   Sede central Olivetti, Fairfax (Virginia). Proyecto

El último de los edificios proyectados para Olivetti –ninguno de los cuales ha sido realizado– es el centro de venta de Fairfax, en la periferia de Washington. Situado en un solar en esquina, que el edificio ocupa diagonalmente, el proyecto prosigue aquella estrategia de la elegancia –vía movimiento moderno– iniciada y experimentada de forma válida en los encargos anteriores.

También aquí los volúmenes interpretan la organización interior. Los tres diversos niveles de venta (local, regional, nacional) se sitúan, y son fácilmente individualizables, en las tres terrazas escalonadas del cuerpo principal, mientras un doble volumen acristalado destinado a las exposiciones permite afrontar, y resolver brillantemente, el problema de la esquina. Este cuerpo curvo –el *signo* arquitectónico– está conectado a una terraza más baja que ofrece en su parte posterior un mínimo de privacidad, de situación protegida. Es éste el tema resuelto de una manera más

1971   Sales offices for Olivetti, Fairfax (Virginia). Project

The last of the series of buildings Meier designed for Olivetti –none of which was constructed– was this sales centre in Fairfax, on the outskirts of Washington, D.C. Presented with an acute-angled corner plot, which the building occupies along the diagonal, the project develops that strategy of elegance –via Modernism– adopted and experimented with in the schemes that preceded it.

Here once again the volumes are made to interpret the internal organization. The three different levels of the sales operation (local, regional and national) are accommodated and clearly identified in the three stepped terraces of the main volume, while the glazed double-height volume of the showroom confronts and brilliantly resolves the problem of the corner. This curving volume –the architectural *sign*– is abutted by a lower terrace that nevertheless bestows a measure of privacy, of secluded situations, on the rear of the

Arriba: Planta volumétrica
Derecha: Axonometría parcial

Above: Volumetric plan
Right: Partial axonometric sketch

Página siguiente:
Vista general de la maqueta y detalle de la esquina

Facing page:
General view of the model with detail of the corner element

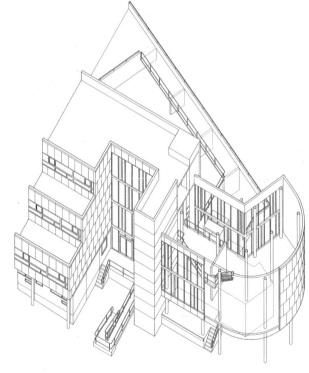

desenvuelta, dentro de una reafirmación de los principios de siempre, como demuestran las ventanas recortadas en los blancos muros de fondo.

building. This is in effect the part of the scheme that receives the most relaxed treatment, while continuing to affirm those constant principles, demonstrated for example by the bands of windows set into the backdrop of the white wall.

1972-1974   Casa Shamberg, Chappaqua (Nueva York)

Encajada en una pequeña colina, la casa tiene una amplia fachada acristalada orientada al panorama que está a sus pies en dirección a Chappaqua.

El proyecto es compacto y por otra parte explícito sobre el criterio principal. La *machine à habiter* está contenida en un único volumen ideal (en este caso real) en el que se organizan los espacios interiores. De este volumen sobresalen dos elementos que se equilibran mutuamente: la pasarela, que ancla el objeto-casa al terreno aprovechando el juego de las pendientes, y el balcón en voladizo sobre el terreno en pendiente. Estratagemas proyectuales que contribuyen tanto a aumentar la carga fuertemente sugestiva de este barquichuelo terrestre, como a equilibrar la composición.

El procedimiento de erosión del sólido puro adquiere en este proyecto nuevas connotaciones: mientras se conserva la unidad del conjunto del paralelepípedo de base, éste se abre con elementos transparentes (la fachada hacia Chappaqua).

Además, se interviene con diafragmas bidimensionales que sugieren y crean una ilusión de tridimensionalidad. Estas grandes láminas definen el exterior, donde se funden con el volumen, exaltando también la privacidad interior allí donde se aligeran para crear formas más sensuales. Como de costumbre "la ingerencia" de la naturaleza sugiere principios y sugestiones formales incluso en el interior de los mismos esquemas operativos: cuando el plano casi semienterrado sugiere una subdivisión en niveles horizontales inexistentes y crea ángulos más privados, no es tanto la casa la que se proyecta hacia el paisaje, sino, sorprendentemente, lo contrario.

Así, dócilmente, la casa Shamberg representa un salto cualitativo respecto a la experien-

1972-1974   Shamberg house, Chappaqua (N.Y.)

Standing box-like on the summit of a low hill, the house opens up an extensive glazed facade overlooking the landscape in the direction of Chappaqua.

The project is compact and at the same time explicitly declares its fundamental decisions. The *machine à habiter* is contained inside a single ideal (and in this case, real) volume, within which the interior spaces are organized. Emerging from this volume are two elements that effectively balance one another: the gangway which anchors the house-object to the terrain, exploiting the gradients of the site, and the balcony that projects out over the slope. These design stratagems help to augment the powerful suggestive charge of this ship on dry land in addition to balancing the composition.

The process of erosion of the pure solid is endowed in this project with new connotations: while the overall unity of the basic cuboid is conserved, it is opened out by the transparent elements (the Chappaqua facade).

At the same time, the project introduces a series of two-dimensional diaphragms that suggest and create an illusion of three-dimensionality. These great planes not only define the exterior, where they merge with the volume, but also reinforce the privacy of the interior, where they are softened to give rise to more sensual forms. Typically of Meier, the "interference" of nature here serves to generate formal principles and suggestions, even in the interior of the functional schemes themselves: when the partially buried plane suggests a subdivision into non-existent horizontal levels, and creates more private corners, it is not so much the house that projects itself onto the landscape as, surprisingly, the opposite.

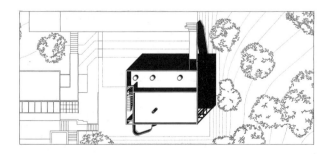

Planta volumétrica

Volumetric plan

Fachada acristalada hacia Chappaqua y vista desde el exterior de la sala de estar a doble altura

The glazed Chappaqua facade and the double-height living room seen through the glass wall

cia proyectual ya consolidada y la indagación sobre la organización de los espacios, que aquí parecen habitados casi incidentalmente. El generoso homenaje al santuario del movimiento moderno (en este caso específico, el pabellón del Esprit Nouveau) se consuma en clave progresiva reforzando la validez de los principios solares de la arquitectura: los claroscuros, la tensión de un estructuralismo exultante y –seguramente no como último elemento– la elegancia refinada de las relaciones formales, una característica con la que sólo la "arquitectura blanca" pude adornarse sin sentirse limitada.

In its understated way, the Shamberg house constitutes a qualitative leap forward from the established design experiences and the research into the organization of spaces, which seem here to be almost incidentally residential. The reverent tribute to the sanctuary of the Modern Movement (in this case, the Esprit Nouveau pavilion) is consummated in a progressive tonic, reaffirming the validity of architecture's central principles, light and shade, the tension of an exultant structuralism, and –last but by no means least– the refined elegance of the formal relationships, a quality that only "white architecture" can appropriate to itself without limitations.

1973   Museo de Arte Moderno en villa Strozzi, Florencia. Proyecto

El proyecto para villa Strozzi forma parte de una intervención, nunca realizada, en la que debían participar otros arquitectos (Hollein, Michelucci, Scarpa).

La idea del municipio de restaurar cuatro edificios de Poggi en las colinas que rodean Florencia, inmersos en el típico paisaje de colinas toscano (la villa propiamente dicha, el limonar y las dos cuadras), ha sido abandonada dado el pésimo estado de la estructura.

La intervención de Meier se realiza sobre una de las caballerizas, no lejos de la casa. Los viejos muros debían albergar una galería de arte, un espacio para exposiciones. Meier inicia en esta obra la investigación sobre las estructuras museísticas que proseguirá en tantas ocasiones y tendrá muchas evoluciones en el futuro profesional del arquitecto de Nueva York.

El problema de la conversión casi desaparece en esta situación concreta. Del viejo edificio sólo se conserva una parte del antiguo perímetro: el interior, totalmente vaciado, albergará un sistema estructural e ideal totalmente innovador, destinado a convivir en simbiosis con el existente. Reconstituyendo la cubierta y una nueva cornisa envolvente que ciñe los viejos muros a una cota de nivel más elevada que la existente, la parte preexistente se encuentra en una condición –física y psicológicamente– absolutamente paritaria con lo "nuevo".

La zona de exposición se amplía por medio de la yuxtaposición de un nuevo volumen, una suerte de edículo blanco que es el punto de conexión con el nuevo proyecto. Se crea así un patio que permite una ilimitada posibilidad organizativa, mientras los viejos muros exteriores, una vez liberados de la función estructural y de su función primaria de soporte, se convierten en un telón de fondo de "calidad" debido a la definición de conjunto del proyecto y se someten a la implantación ideológica de Meier.

En el exterior, solamente la transparencia del lucernario es el telescopio de una blanca y profunda revolución.

1973   Villa Strozzi Museum of Modern Art, Florence. Project

The project for the Villa Strozzi was one part of a larger, and never constructed, intervention in which other architects also were going to take part (Hollein, Michelucci, Scarpa).

The city council's original intention of restoring the four buildings by Poggio (the villa itself, the lemon grove and the two stables) on the hills outside Florence, set in the rolling landscape typical of Tuscany, was gradually abandoned on account of the poor state of the structures.

Meier's intervention was applied to one of the stables, not far from the villa. The old walls were to accommodate an art gallery and exhibition space. This project marks the beginning of the New York architect's exploration of museum structures, subsequently pursued in a number of major schemes and subject to various evolutions.

The problem of the conversion as such is virtually nonexistent in this situation. The remains of the historic building amounted to no more than a portion of the outer wall; the interior, completely empty, was to be the setting for a totally innovative structural and conceptual system, designed to function in symbiosis with the existing architecture. And the scheme goes further; rebuilding the roof and constructing a new frame embracing the old walls, rising to a higher level than the original construction, the existing elements are endowed with a total condition –both physical and psychological– that is absolutely equivalent to the "new".

At the same time, the exhibition area is extended through the addition of a new volume, a white pavilion that is the point of engagement of the new project. This serves to create a courtyard that affords limitless organizational possibilities, while the old outer walls, having been freed from their original structural role, function essentially as "quality" surfaces, helping to define the project as a whole, and are effectively subjected to Meier's ideological intervention.

On the exterior, the transparency of the skylight is the telescope of a profound white revolution.

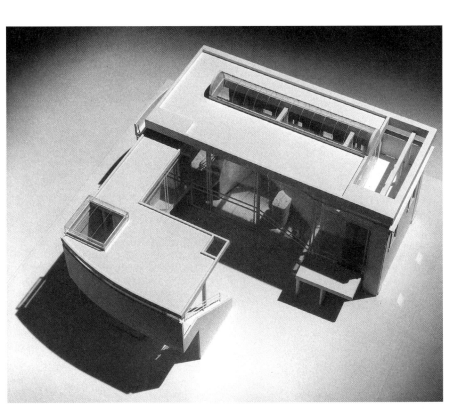

Maqueta y axonometría.
El nuevo pabellón aparece en
primer plano

Model and axonometric sketch
with the new pavilion in the
foreground

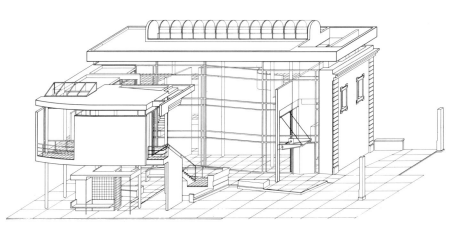

1974   Viviendas para la Cornell University, Ithaca (Nueva York). Proyecto

A partir de un proyecto no realizado, el del edificio de adiestramiento Olivetti, se desarrolla el complejo de viviendas para estudiantes del *campus* de Ithaca.

A terrenos análogos corresponden analogías formales: encontramos aquí otra vez la adaptación del edificio a las situaciones ambientales. Es una situación ya conocida: desde el tratamiento de las aberturas, el interés por la situación y el sentido de los cuerpos de escalera, hasta el estudio muy preciso de las diversas alternativas de alojamiento ofrecidas a los estudiantes, incluido los apartamentos dúplex.

La forma del edificio se adapta a la topografía del lugar. En el exterior, los balcones y el núcleo de escaleras permiten el acceso a los pisos intermedios sin necesidad de regresar a la planta baja.

1974   Halls of residence for Cornell University, Ithaca (N.Y.). Project

This group of student residences on the Ithaca campus was based on the unbuilt earlier project for the Olivetti training centre. The topographical similarities of the site are complemented by formal analogies: we find once again here the adaptation of the buildings to environmental conditions, and various previously rehearsed situations, from the treatment of the openings, the concern with the siting and the direction of the stepped volumes, through to the very precise studies of the different types of accommodation offered to the students, including duplex apartments.

The form of the building follows the topography of the site. On the exterior, the balcony and the stair nuclei allow direct circulation on the intermediate levels, making it unnecessary to return to ground level.

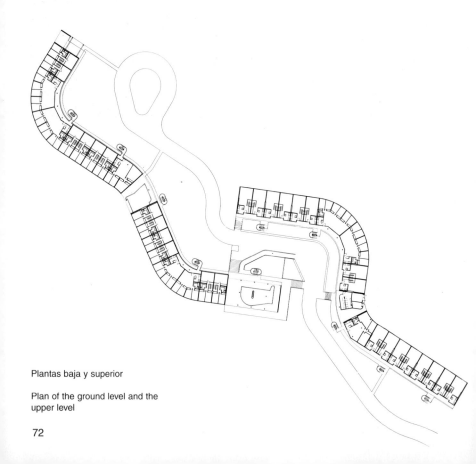

Plantas baja y superior

Plan of the ground level and the upper level

1975-1979   Atheneum, New Harmony (Indiana)

El Atheneum nace como núcleo de la ciudad de New Harmony, fundada por la Harmony Society de George Rapp en 1815.

Como en muchas ciudades surgidas en América a partir de bases utopistas y comunitarias, el edificio quiere ser el catalizador urbano de tensiones morales profundas, como el Falansterio que Stedman Whitwell –una especie de Fourier más allá del océano– debía haber construido en la misma New Harmony. Simboliza el "contacto" con la cultura de los padres fundadores, tanto para los visitantes de fuera como para los actos culturales locales (véase la dimensión del auditorio).

Elevado sobre una plataforma de terreno de relleno, al abrigo de las periódicas inundaciones del Wabash, el Atheneum disfruta de este particular emplazamiento tipo Mont Saint-Michel que acrecienta la impresión de quien lo visita en época de crecida del río: atravesando en barca un auténtico lago artificial se llega al edificio situado sobre la colina, disfrutando de los reflejos naturales que aumentan la situación de extraterritorialidad psicológica del objeto.

Depositado sobre este muelle, el visitante realiza la entrada en el edificio, bajo la arista del ángulo afilado y decidido de un volumen macizo girado 40 grados respecto al podio de base: y percibe desde su posición, en la cancela de la puerta de entrada, el sistema dinámico de las dos tramas de la planta (giradas entre ellas 5 grados), una referida a la malla urbana, la segunda al propio edificio.

La planta tiende a la conquista total del espacio, por medio del uso de axialidades rotatorias que bloquean, en la situación óptima, el dinamismo implícito en la estructura; a la vez que refleja también un estudio atento sobre potencialidades expresivas de elementos pictóricos del autor, prevalentemente cubistas.

Comprimido por las reducidas dimensiones de la cancela de la puerta, quien la traspase será proyectado a la dimensión total de un espacio centrífugo. Será transportado a través de la rampa interna a explorar aquel calidoscopio de volúmenes en colisión, filtrados por la luz natural, que desde el segundo piso –donde se puede admirar una maqueta de la antigua New Harmony– hasta la terraza de la cubierta lo conducirán a tierra pasando por una magnífica rampa escalonada: extremo acodo construido y elemento que ancla a la tierra la dimensión inmaterial del objeto Atheneum.

1975-1979   Atheneum, New Harmony (Indiana)

The Atheneum was created as the social pivot of the community of New Harmony, founded by George Rapp's Harmony Society in 1815.

As in many American settlements erected on the basis of Utopian and communitarian ideals, the building was intended to provide the urban catalyst for profound moral tensions, like the phalanstery that Stedman Whitwell –a kind of New World Fourier– was to have constructed in New Harmony. Symbolizing the "contact" with the culture of the Founding Fathers, as much for visitors from outside as for local cultural activities (note the size of the auditorium).

Raised up on an earth embankment as protection against the periodic overflowing of the Wabash River, the Atheneum exploits this exceptional situation, evocative of Mont Saint-Michel, to reinforce its suggestive impact on the visitor approaching it when the river is in flood, crossing the artificial lake by boat to reach the building on the raised platform, with its natural reflections serving to increase the object's sense of psychological extra-territoriality.

Set down on this raft, the visitor enters the building, passing beneath the sharply incisive arris of a solid volume rotated through 40° with respect to its base: this signals the position of the entrance to the dynamic system of the two grids of the plan (with a 5° rotation between them), one coinciding with the neighbouring urban grid, the other with the building itself.

The plan tends to impose itself on the space as a whole, through its utilization of the rotating axes optimally positioned to block the dynamism inherently implicit in the structure, while at the same time reflecting a careful study of the expressive potential of the primarily cubist painterly elements.

Compressed by the reduced dimensions of the entrance, the visitor is then projected into the total scale of an exploded space, and carried forward by the interior ramp to explore this kaleidoscope of volumes in collision filtered by the natural light that pervades it from the second floor –which contains a model of old New Harmony– to the roof terrace, leading back down to ground level by way of a magnificent ramp, and extreme outrider of the built mass and the element that anchors the immaterial scale of the Atheneum-object to the ground.

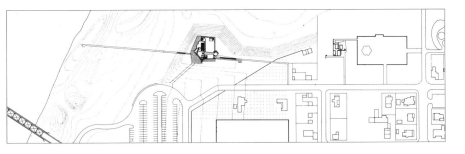

Arriba: Fachada principal.
Debajo: La larga rampa escalonada,

Above: The main facade.
Below: The long stepped ramp

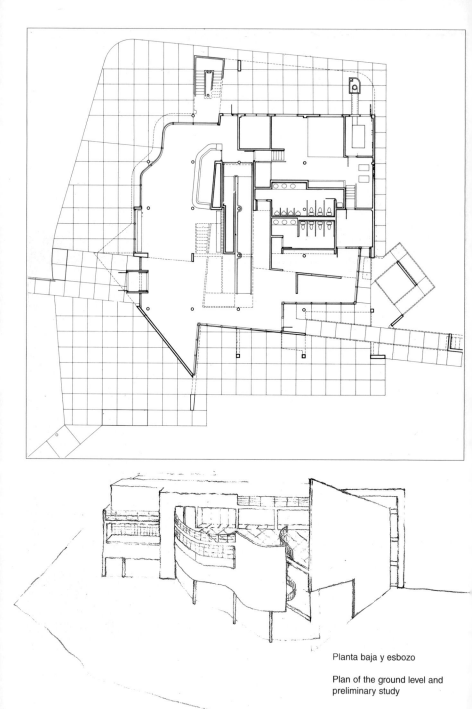

Planta baja y esbozo

Plan of the ground level and
preliminary study

El sistema de rampas que
recorren todo el edificio

The system of ramps that
extends thoughout the building

1975-1978 Taller de cerámica Sarah Campbell Blaffer, New Harmony (Indiana)

Este pabellón surge en una localidad rica en simbología y memoria: ha sido construido allí donde estaba la casa de un auténtico armonista, los cimientos de la cual son todavía visibles y accesibles (véanse en planta la escalera y el volumen excavado). Se encuentra alineado con la Roofless Church de Philip Johnson, muy cerca del reciente Atheneum; este mismo eje de alineación es el que determina tanto la orientación como los recorridos interiores.

El pabellón se utiliza preferentemente en verano y ha sido concebido para conmemorar la dedicación de Sarah Campbell a la artesanía; se realizan pequeñas exposiciones de artes menores y de cerámica. El proyecto ha previsto la creación de un taller.

Este pequeño, pero notable objeto es una manifestación de reposo frente al Atheneum, pero también una especie de alhaja neutra o elemento filtrante capaz de dialogar tanto con la planta exagonal de la iglesia de Philip Johnson como con la espectacularidad del Atheneum.

El intenso estructuralismo exhibido en la axonometría parece suavizado en la tranquilidad de las fachadas, cuya altura está relacionada, entre otras, con las dimensiones habituales de las viviendas locales más que con las de las potentes presencias arquitectónicas circundantes. Meier enfoca su trabajo con una estática y rigurosa geometría en planta que a buen seguro sería del agrado de Peter Eisenman, utilizando los materiales (básica-

1975-1978 Sarah Campbell Blaffer Pottery Studio, New Harmony (Indiana)

This pavilion stands in a setting charged with memories and symbolic significance, on the site of the house of one of the original Harmonists, the foundations of which are still visible and even accessible (the stairs and the column are included in the plan. At the same time, the house is aligned on the same axis as Philip Johnson's Roofless Church, a little distance from the more recent Atheneum, and it is this axis that effectively determines the orientation and the vertebral spine of the internal circulation routes.

The pavilion is used primarily in summer, and was commissioned to commemorate Sarah Campbell's dedication to the potter's craft; it houses small arts and crafts exhibitions, and the scheme also included a small workshop.

This small but striking object is a gesture of perfect repose in relation to the Atheneum, and at the same time a kind of neutral jewel or filtering element in the process of dialogue with both the hexagonal plan of Philip Johnson's church and the star-like presence of the Atheneum.

The intensity of structure exhibited in the axonometric seems in effect to be diffused in the calm of the facades, whose height is clearly related to the characteristic scale of the neighbouring houses as well as to the architectural presences in the vicinity. Meier here consents to engage with a rigorous static geometry in the plan that would undoubtedly appeal to Peter Eisenman, while the choice of materials (predominantly wood

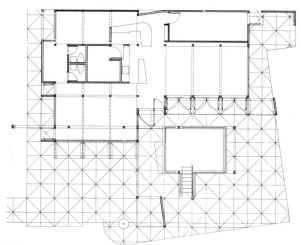

Planta baja

Plan of the ground floor

Página siguiente:
Vista de la fachada sur y axonometría

Facing page:
View of the south facade and axonometric sketch

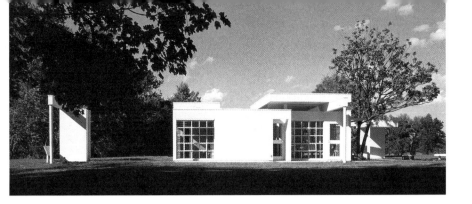

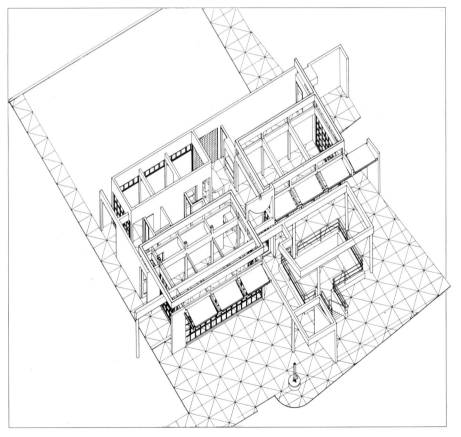

mente la madera y el cristal) con la intención de crear una atmósfera de absoluta disponibilidad de lo construido en su confrontación al paisaje, ya sea natural –y no se trataría de reforzarlo– o artificial.

and glass) works to create an atmosphere of perfect acquiescence in the building's engagements with the landscape, whether natural –and there is no concern to emphasize it– or artificial.

1976 Estudio para una casa en la periferia, Concord (Massachusetts). Proyecto

Este prototipo intenta la recuperación en clave moderna de la vivienda unifamiliar, sujeta a las opresiones estilísticas de todo tipo en las periferias urbanas de Estados Unidos. Proyecto que anticipa una firmeza y un valor en los que Meier tendrá la posibilidad de profundizar en sus próximos encargos europeos, y desde donde nos hace intuir no sólo el tipo de encargo sino también a los usuarios del edificio.

La recuperación del concepto de autonomía del proyecto confirma una vez más que la posible iteración de un espacio ideológicamente definido no compromete la calidad del resultado, dadas las premisas y las estrategias seguidas que han conseguido llegar a tal resultado.

Siempre desde el interior de estrategias proyectuales experimentales, atesorando experiencias visuales en sectores diferentes, así como otras memorias diversas, Meier apunta aquí hacia la recuperación del objeto habitado con valores casi urbanos; ejercitándose en planta sobre las posibilidades creadas por dos líneas convergentes, memoria de sugerencias pictóricas gratificantes. El estudio de la diagonal en intersección con una recta es entusiástico y el resultado notable; el círculo hace también su aparición como elemento de mediación entre los ángulos y la personalización de los alzados.

La atención se concentra para trabajar sobre las relaciones formales y su equilibrio. La complejidad de la planta, donde las confrontaciones entre lo estático y lo dinámico, rotaciones y axialidad son una constante, parece aligerarse en la solemnidad de un alzado donde la masa es preponderante, y el sentido del volumen prevalente. La construcción se "abre" al espacio, gracias a los propíleos laterales de la planta baja y a las chimeneas y los montantes de la terraza en el plano vertical.

1976 Study for a house in the suburbs, Concord (Massachusetts). Project

This prototype set out to reinstate in a Modernist key the private house, submitted to all kinds of stylistic aberrations in the suburbs of America's cities. The project is a foretaste of a solidity that Meier was to attain in even greater depth in his subsequent European commissions, anticipating not only the type of commission but the clients of a similar building.

The return here to the concept of design autonomy is further confirmation that the possible repetition of an ideologically defined space need not be detrimental to the quality of the result, depending on the premisses and strategies that are combined to produce that result.

Always operating within experimental design strategies, benefitting from visual experiences derived from different sectors and other memories, Meier is concerned here to recover the residential object with almost urban valences, elaborating in the plan on the possibilities created by two converging lines, a memory of pleasing pictorial suggestions. The study of the diagonal intersecting a straight line is charged with enthusiasm and the result is of notable quality; the circle is also brought into play as the element mediating between the different angles and individualizing the elevations.

The attention is concentrated, operating on the formal relationships and the balancing of these. The complexity of the plan, in which the confrontation between static and dynamic, rotation and axiality, is a constant, seeming to moderate in the solemnity of an elevation dominated by a sense of mass, the volume the prevalent quality. The construction "opens up" to the space by means of the lateral propylaeum on the ground floor and the uprights of the chimney and the terrace on the vertical plane.

In terms of the individualization of the design,

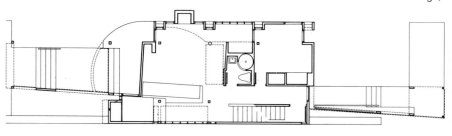

Por lo que respecta a la personalización, es necesario que no se debilite en la repetición. Está dotada del resultado, sólido y rico de aquel mínimo eclecticismo implícito adquirido, precisamente, en la tradición arquitectónica de los suburbios.

this had to withstand dilution through repetition, and is achieved through the solidity and richness of that minimum of eclecticism implicit in and acquired from the specific architectural tradition of the suburbs themselves.

Arriba: Maqueta de la vivienda unifamiliar
Debajo: Axonometría del prototipo con dos unidades residenciales

Above: Model of the private house design
Below: Axonometric of the two-apartment prototype

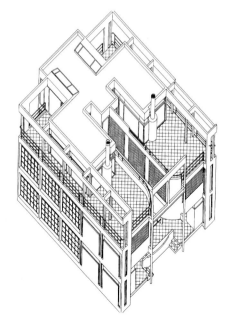

Página anterior:
Planta baja de la vivienda unifamiliar

Previous page:
Ground floor plan of the detached house type

1977 Montaje de la exposición de la Escuela de Nueva York en el museo Estatal, Albany (Nueva York)

La exhibición de las obras de los pintores y escultores de la Escuela de Nueva York es un proyecto que debe realizarse en un espacio de tiempo limitado (ocho semanas). Meier acepta una cierta estaticidad en el montaje –sugerida por el edificio existente– optando al mismo tiempo por una continuidad visual general.

Cuatro corredores con columnas cortan el gran rectángulo de la planta: los situados en ambos extremos se rematan con grandes cilindros terminales. El espacio se divide mediante paneles blancos; elementos lo suficientemente altos como para no llegar hasta el techo, simplemente pintado de negro; los paneles se quiebran, se agujerean, para contener pasos que dejan entrever fragmentos de cuadros o retales de espacio.

Existe en este proyecto una precisa adopción del bastidor o telón de fondo como elemento de determinación espacial; pero estos tabiques repetidos que modulan una cadencia son más muros que losas, tienden a reconstruir las tensiones de un circuito urbano o de un fragmento del mismo y convierten en real una tridimensionalidad que los elementos utilizados parecen implícitamente no poseer.

1977 Design for the New York School exhibition in the State Museum, Albany (N.Y.)

The design for the exhibition of works by the painters and sculptors of the New York School had to be completed in the space of eight weeks. Meier accepted a certain static quality in the layout –suggested by the existing building– while at the same time opting for an overall visual continuity.

Four colonnaded corridors cut across the great rectangle of the plan, those at the end encased inside large cylinders. White panels mark out the resulting spaces; these stop just short of the ceiling, which is simply painted black, and are cut out, perforated to frame passages that allow glimpses of fragments of artworks or sections of spaces.

The project manifests a precise use of the vertical surface as the element of spatial definition; however, these are more walls here than mere partitions, tending to recreate the tension of an urban itinerary or one of its episodes, making tangible a three-dimensional quality of which the elements utilized seem inherently devoid.

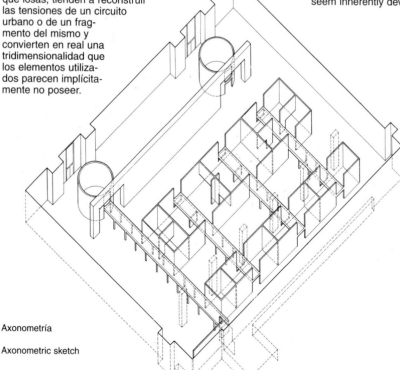

Axonometría

Axonometric sketch

Dos vistas de la instalación

Two views of the exhibition
design

1977-1978   Sala de lectura Aye Simon, museo Solomon R. Guggenheim, Nueva York

1977-1978   Aye Simon Reading Room, Solomon R. Guggenheim Museum, New York

Intervención especialmente contenida, pero de un alto nivel expresivo, la sala Aye Simon es una sala de lectura situada en una de las rampas ascendentes del museo Guggenheim, de Nueva York; un rincón de descanso ya existente en el edificio de Wright, pero que había que refinar y poner en contacto con el torbellino de visitantes, superando la pendiente y resolviendo pequeños grandes problemas de emplazamiento y de uso de complejos recodos dada la relativa sacralidad del lugar.

Los sistemas utilizados para resolver estos problemas son fundamentalmente dos: el paso circular de acceso a la sala, vagamente irreal, que deja dos sillares de imposta en la base de la circunferencia; y el uso del mobiliario (este es el aspecto más determinante) como elemento primariamente arquitectónico, magistralmente calibrado en el trazado dinámico de los muebles y la *boiserie* de las paredes.

En la onda de la lección miesiana según la cual menos es siempre más, se introducen reminiscencias justamente wrightianas, mientras la planta, en forma de gota, contiene un dinamismo que, en esta ocasión, no necesita crearse sino solamente subrayarse, con el recurso de las líneas horizontales del mobiliario.

An intervention in a very limited space, yet with a high level of expressiveness, the Aye Simon Reading Room is situated on one of the ascending ramps of the Guggenheim Museum in New York; this haven of quiet, originally present in Wright's building, had to be reconceived and brought into contact with the human vortex of visitors, overcoming differences in level and delicate design problems in the detailing engendered by the slightly sacred character of the place.

Two basic systems are employed to resolve the brief: the circular entrance to the reading room, vaguely redolent of fantasy, that leaves two impost slabs at the base of the circumference, and the use of the furnishing (this being the more decisive factor) as a primary architectural element, superbly callibrated in the dynamic lines of the furniture and the *boiserie* of the walls.

In line with the Miesian dictum that less is always more, the scheme very properly introduces evocations of Wright, while the teardrop form of the plan possesses a dynamism that does not seek here to create but merely to underline, by means of the sequence of horizontal lines of the furniture.

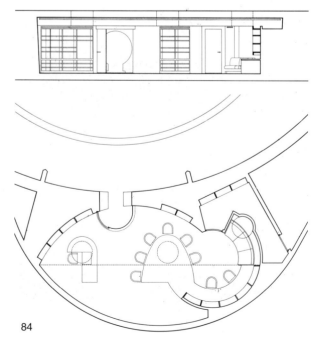

Alzado de la pared de acceso y planta

Sketch of the wall containing the access and plan

Página siguiente:
Dos vistas de la zona destinada al público

Facing page:
Two views of the public area

1977-1980 Vivienda unifamiliar en Palm Beach (Florida)

El muro "habitado" y un cierto monumentalismo caracterizan esta residencia que se encara a la orilla del lago Worth. Se inicia aquí el uso de las plaquetas de metal esmaltado en las viviendas familiares (sin embargo, para Meier la distinción entre privado y público es muy sutil).

El blanco es ya familiar a la tradición y al sol de Florida y la magia de lo construido se basa preferentemente en la resolución de la distribución. Los tabiques bidimensionales de la casa Schamberg desaparecen o se proyectan al exterior, se transforman en diafragmas o estrategias climáticas; el proyecto se orienta a crear espacios y volúmenes dinámicos en el marco de una axialidad rigurosa, ofreciendo encuadres y visuales cambiantes a los mismos residentes en la vivienda.

El *mode d'emploi* es sencillo: hay que pasar por las zonas consideradas como privadas en el lado de la calle para acceder a las consideradas más públicas o colectivas. El recurso, ya utilizado en la casa Douglas, está destinado a dramatizar, en la secuencia de espacios, el impacto con la esencia del proyecto, con el paisaje y la variedad de situaciones confluyentes en este punto. Una secuencia destacada también mediante el uso de los materiales: revoco –propio de los países del sur– para los espacios privados y mágicas losetas blancas rígidamente moduladas para los comunes.

La planta en L comunica inmediatamente la disposición de los interiores. El gran muro en el frente meridional, que introduce en la arquitectura de Meier una nueva corporeidad, alberga a lo largo de esta firme axialidad las estancias de los invitados, con accesos y espacios tan autónomos que pueden considerarse como un auténtico motel en el interior de la residencia.

 El gran volumen articulado –una especie de súper *roulotte*– de la zona diurna, con vista sobre el lago y el jardín interior, está conectado al muro "habitado", y protegido de la *pool house* al sur. Aquí la privacidad es más segura, sobre todo en el área de la piscina, enriquecida con la secuencia de los pasos, rampas y escaleras que dejan entrever la continuidad de los muros y crean ángulos y zonas de sombra en sintonía con el clima local. Una pequeña *moon house* remata el ángulo noroccidental de la zona.

1977-1980 House in Palm Beach (Florida)

The "inhabited" wall and a degree of monumentalism characterize this house on the shore of Lake Worth. The scheme introduces enamelled metal tiles in the family rooms for the first time (although in Meier the distinction between private and public is extremely subtle).

White has for long been a familiar feature of the local tradition in sunny Florida, and the magic of this project consists primarily in the ordering of the distribution. The two-dimensional partitions of the Shamberg house are dispensed with here, or projected out on the exterior to become diaphragms or climatic stratagems: the project seeks to create dynamic spaces and volumes inside a rigorous axiality, offering changing prospects and views as the user moves around the house.

The *mode d'emploi* is simple: the visitor first passes through the essentially private zone on the street facade before coming to the more communal or public area. This mechanism, used previously in the Douglas house, serves here to dramatize the impact made by the core of the project within the sequence of spaces, with the landscape and the variety of situations coming together at that central point. The sequence is further underlined by the use of materials: rendering –typical of the Southern house– for the private spaces and magical white tiles, rigidly modulated, for the communal spaces.

The L-shaped plan immediately communicates the layout of the interiors. The great wall on the south facade, which introduces a new corporeity into Meier's architecture, accommodates the guest rooms along this marked axiality, with accesses and spaces sufficiently autonomous to be considered an authentic motel in the interior of the house.

Abutting on this "inhabited" wall, and sheltered from the pool house to the south, is the great articulated volume –a kind of super mobile home– of the living area, with views of the lake and the interior garden. Here the privacy is more established, above all in the vicinity of the pool, enriched by the sequence of passages, ramps and stairs that afford glimpses of the continuity of the walled areas and create corners and shaded zones appropriate to the Florida climate. A small "moon house" concludes the north-west corner of this area.

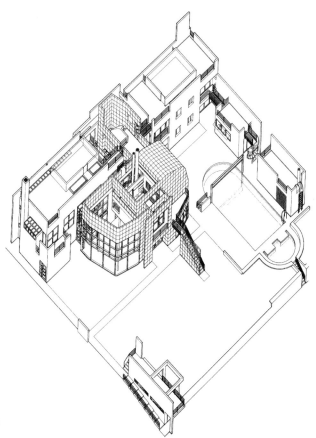

Vista axonométrica desde el
lago y planta baja

Axonometric sketch of the
lakeside facade and plan of the
ground floor

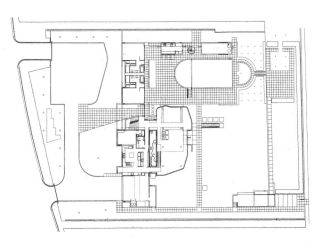

1978-1982 Escuela elemental Clifty Creek, Columbus (Indiana)

En el punto de encuentro de una ortogonalidad a partir de ahora ya siempre recurrente, Clifty Creek inicia la etapa del uso de la escala cromática, aunque utilizada de forma contenida, en los proyectos de Meier. Majestuoso y a su manera solemne, como muchos edificios escolares americanos, el edificio sigue y plasma el desnivel del terreno, creando una especie de plano de basamento blanco en el perímetro. Este basamento –real o simulado– mitiga el impacto de la altura en las zonas en que ésta es mayor.

La ortogonalidad de los ejes de implantación sirve para distribuir los espacios colectivos (biblioteca, gimnasio, cafetería y aula de música) en cuatro grandes cuadrados, situando el conjunto de las aulas en la zona inferior. La horizontalidad dominante se ve interrumpida por el "gesto" arquitectónico del reposado portal de entrada y por la disposición geométrica de los huecos, destinados a captar la luz y la serenidad del ambiente circundante.

1978-1982 Clifty Creek primary school, Columbus (Indiana)

In conjunction with what becomes an increasingly recurrent orthogonality, Clifty Creek initiates a phase characterized by the use, albeit restrained, of the chromatic scale in the project design. Imposing and in its way solemn, like so many school buildings in the United States, the scheme follows and moulds the slope of the terrain, creating a kind of basement plane in the white band around the lower part of the perimeter; this base –whether real or purely apparent– effectively lessens the impression of height of the taller parts of the construction.

The orthogonality of the project's axes serves to distribute the more communal spaces in four quadrants (library, gymnasium, cafeteria, music room) while locating the groups of classrooms in the lower area.

The prevailing horizontality is interrupted by the architectural "gesture" of the calm entrance and the arhythmic disposition of the openings, designed to capture the light and serenity of the surrounding landscape.

Vista axonométrica

Axonometric sketch

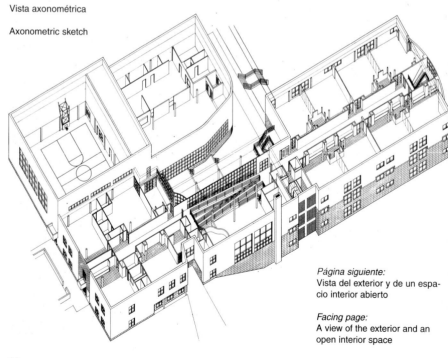

Página siguiente:
Vista del exterior y de un espacio interior abierto

Facing page:
A view of the exterior and an open interior space

89

1978-1981 Seminario en Hartford (Connecticut)

Hartford es sede de un seminario protestante que desarrolla distintos cometidos, relativos tanto a una función pública como privada: hoy son ya pocos los seminaristas que viven en un "convento" y por esto en el proyecto se potencian los aspectos asociativos y divulgativos de la religión más incluso que aquellos estrictamente privados, que sin embargo existen y se mantienen.

El edificio tiene un antecedente en la villa de Palm Beach. A pesar de no ser volumétricamente imponente, afronta con serena fiereza la confrontación con la severidad de los edificios neogóticos que lo rodean.

Tres plantas de altura, un claustro, una planta en L de alas bidimensionales (destinadas a sugerir una delimitación más que a efectivamente crearla), un revestimiento modulado de mágicas y relucientes placas metálicas esmaltadas. Pero queriendo sintetizar se trivializa. Queda, como siempre, la calidad de fondo de las obras de Meier: una extrema claridad en la implantación, aparentemente complicada por una serie de "acontecimientos" arquitectónicos destinados a filtrar la linealidad de los alzados y la riqueza de los interiores, obtenida siempre cambiando las relaciones entre técnica y *praxis* proyectual.

La precisión con que se acomete la comprometida tarea proyectual –es necesario el control absoluto del resultado– es inexorable. El edificio está aislado en el centro del solar y debe crear su dimensión física en cada uno de sus lados; cada fachada es por lo tanto autónoma en la confrontación con el contexto y es privilegiada como hecho compositivo.

Llegados a este punto, el revestimiento asume un papel unificador que sobrepasa la función puramente epidérmica: se convierte en la argamasa de la proyectación, permitiendo, en su apariencia milimétricamente geométrica, la comprobación permanente de la situación de los alzados, destinados por otra parte a exhibir una simple subdivisión modular.

1978-1981 Seminary in Hartford (Connecticut)

The town of Hartford is the home of a Protestant seminary that accommodates various functions, both public and private; nowadays few of the students live in the "convent", and the project accordingly prioritizes the communal spaces for group religious activity over the more strictly private spaces, which are nevertheless present.

The building has a direct predecessor in the Palm Beach villa; in spite of its relatively understated volumetry, it engages with serene forcefulness in its confrontation with the severity of the neighbouring neo-Gothic buildings.

Three storeys in height, a cloister, an L-shaped plan with two-dimensional wings (once again suggesting a delimitation rather than effectively creating it), a highly modular cladding of magically white metal panels; yet the search for synthesis is ultimately banal. There remains, however, as always in Meier's work, the underlying quality: a supreme clarity in the layout, apparently complicated by a series of architectural "events" designed to fibrillate the linearity of the elevations and the richness of the interiors, consistently achieved on the basis of the mutual rapport between technique and design practice.

The precision with which the demanding exercise is carried forward –absolute control of the result was a necessity– is inexorable. The building stands isolated in the centre of the plot, and has to create its own physical scale on both sides; each facade is thus effectively autonomous in its confrontation with the context and accordingly privileged as a compositional unit.

At this point the cladding takes on a unifying role, above and beyond its function as outer skin; it is made the bonding agent of the project, its millimetrically precise geometry endorsing at every moment the perception of the situation of the facades, which for the rest present a simple modular division.

Hartford institutionalizes this "squaring" as a

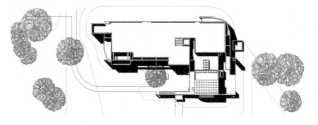

Planta volumétrica

Volumetric plan

Hartford institucionaliza la "cuadratura" como hecho tridimensional. En sus obras Meier puede pasar tranquilamente a sistemas compactos y menos filtrantes que los precedentes, evitando hacer pesado el resultado a través de la absoluta estaticidad de las superficies macizas tradicionales. La relación de fuerza de las fachadas y del proyecto se han mutado considerablemente: es la naturaleza urbana la que impone un diálogo diverso y decidido a lo construido.

three-dimensional datum. Meier is able to move on in his work to more compact, less filtering systems than those that went before, avoiding any overweighting of the result thanks to the absolute static quality of the traditional solid surfaces. The relations of force of the facades and the project as a whole have mutated significantly; it is here the urban character that imposes on the built structure a diverse and perfectly resolute dialogue.

Dos vistas de la fachada de acceso

Two views of the entrance facade.

Entrada principal vista desde el interior

View of the entrance from the interior

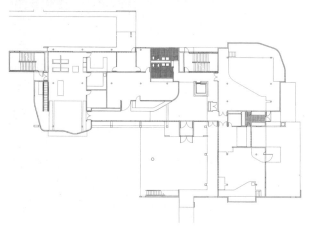

Planta baja

Ground floor plan

Página siguiente:
Detalle de la sala de actos

Facing page:
Detail of the auditorium

1979-1983   Casa Giovannitti, Pittsburg (Pennsylvania)

La casa Giovannitti, obra importante entre las realizaciones de los años setenta, inicia un nuevo enfoque proyectual que caracterizará muchas de las obras sucesivas y que recoge todo aquello que Meier ha ido experimentando en sus edificios de museos.

El sentido del volumen y el sentido de la masa se combinan con los dobles volúmenes y los vacíos de los volúmenes interiores, verificando el sentido y la potencialidad de sistemas autocéntricos, abandonando aquella bidimensionalidad, por lo menos aparente, que había caracterizado tantos de los proyectos precedentes.

Se trata de una pequeña casa para dos personas inmersa en un área verde, pero rodeada de otras viviendas: la prevalencia del "lleno" es aquí una exigencia funcional, relacionada con una específica búsqueda de privacidad; una intimidad que también se "introduce" en el verde y en el paisaje.

Dos cuadrados (dos elementos estáticos por lo tanto) son la matriz del proyecto: de su intersección nace un juego de "cajas" emergentes o encajonadas que determina los

1979-1983   Giovannitti house, Pittsburgh (Pennsylvania)

The Giovannitti house, one of the most important works undertaken in the seventies, marked the starting of a new design approach that was to characterize many of the subsequent projects and reflected the experience gained from the experiments in museum design.

The sense of volume and of mass combine here with the double-height spaces and voids of the interiors, validating the presence and the potentiality of autocentric systems and abandoning that at least apparent two-dimensionality that had characterized many of the earlier projects.

This is a small house for two people, set in landscaped surroundings amid other neighbouring houses. The prevalence of the "solid" is here a functional necessity, resulting from a specific request for privacy; a privacy also "inserted" within the vegetation and the landscape.

Two squares (and as such two static elements) are the core of the scheme; their intersection gives rise to a play of projecting and enclosed "boxes" that determines the

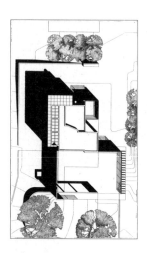

Izquierda: Planta volumétrica
Derecha: Fachada oeste, con la terraza de acceso sobre el garaje

Página siguiente:
Arriba: Esquina sureste
Debajo: El volumen acristalado de la sala de estar

Left: Volumetric plan
Right: The west facade, with the entrance terrace over the garage

Facing page:
Above: The south-east corner
Below: The glazed volume of the living room

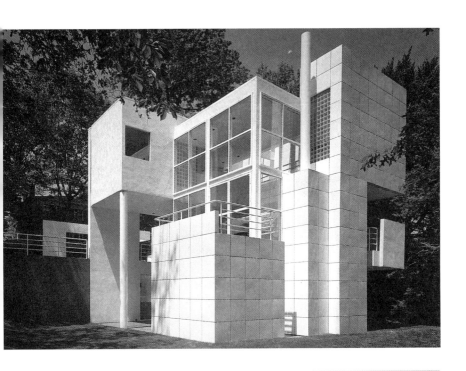

volúmenes de este objeto, casi obtenido por sustracciones sucesivas en un único bloque tridimensional. Uno de los cuadrados tiene tres plantas de altura y alberga todos los espacios requeridos por el programa. Organizando verticalmente los recorridos y los espacios, la casa encuentra una amplitud inesperada: el comedor y la habitación de invitados se encuentran en el primer nivel, la sala de estar en el segundo y la biblioteca y el dormitorio en el último.

La corporeidad de este *existenz-minimum* de Meier, lleno de alusiones a Holanda, concede a sus moradores una capacidad sorprendente de fruición, análoga a la de las grandes mansiones, pero no evita la duda de que algunos detalles (véase la fachada sur) terminen por sumergir al edificio en un limbo dimensional (¿híper o subdimensionado?) absolutamente imprevisto.

volumes of this house-object, virtually hollowed by the successive excisions from the single three-dimensional block. Of the two cuboids, one is three floors high and contains all of the spaces required by the brief. In its vertical organization of circulation routes and spaces the house achieves an unexpected breadth: the dining room and the guests' bedroom are on the first level, with the living room on the second and the library and main bedroom on the top level.

The corporeity of this Meierian *existenz-minimum*, charged with memories of Holland, gives it a surprising scope and wealth of uses, comparable to the great mansion houses of the past, but there is a disturbing sense that some of the details (see the south facade) ultimately tend to submerge the house in a dimensional limbo (over-scaled or under-scaled?) that is entirely unforeseen.

1979-1985 Museo de Artes Decorativas, Frankfurt

Vencedor de un concurso internacional, el proyecto del museo de Artes Decorativas, destinado a albergar la colección de arte ya existente, incluye la ampliación de un edificio del siglo XVIII, la villa Metzler, un magnífico parque y la ordenación de las orillas del río. Con una elección muy contextual, Meier crea un sistema en L que incluye la villa como parámetro de un moderno y sabio proyecto. De una manera elegante, pero decidida, envuelve el edificio antiguo, creando un sistema arquitectónico sosegado y simétrico en el exterior y en cambio absolutamente dinámico y envolvente en el interior.

La resolución de la planta se basa en dos mallas situadas en diagonal, giradas 3 grados y medio una respecto a la otra. Establecidos los ejes, el proyectista sitúa sobre ellos el sistema de los recorridos y le da un valor arquitectónico. El desarrollo de la planta permite la creación de una intimidad totalmente interior al edificio, organizada a partir de la rampa de acceso a las salas, verdadera espina dorsal del proyecto.

El nuevo complejo confirma una metodología proyectual que quiere verificarse en una realidad más articulada que la estadounidense. Meier vuelve a utilizar notables parámetros de partida, sobre todo sabe que cada proyecto es en realidad una ocasión única para experimentar sobre las posibilidades que se ofrecen desde situaciones contingentes –el emplazamiento, la naturaleza y el contexto– y desde situaciones preexistentes –la historia– destinadas a colaborar en un plano de equivalencia en función de las organizaciones y funciones específicas.

Por lo tanto, el proyecto de Frankfurt plantea situaciones nuevas pero, en definitiva, no más complejas que otras afrontadas anteriormente. También aquí, como en la villa Strozzi en Florencia, existe una preexistencia de calidad; en esta ocasión además de forma volumétricamente consistente.

La respuesta es conducida al campo de las analógicas: el encuentro directo (afrontado otras veces en su país), con arquitecturas preexistentes menos relevantes o quizás más recientes (pero ¿acaso la naturaleza no tiene la misma carga que lo construido ?) se hace aquí más sutil. La vista desde el río es clara y explicativa: a un cubo (la villa Metzler) se le asocia otro de tal manera que se establezca un diálogo entre las dos estructuras análogas. Meier acepta, a nivel visual, la confrontación en su terreno, que luego se transmite a

1979-1985 Decorative Arts Museum, Frankfurt-am-Main

Winner of the international design competition, the project for Frankfurt's Decorative Arts Museum, commissioned to house various existing collections, includes the extension of the 18th-century Villa Metzler, a fine park and the laying out of the river banks. Adopting a highly "contextual" approach, Meier creates an L-shaped layout that includes the Villa as parameter of an intelligent modern design, the project elegantly but decisively surrounding it to constitute an architectural system that is calm and symmetrical on the exterior, in contrast to the dynamic and engaging interior.

The stratagem adopted in the plan is based on two grids, with a 3.5 degree rotation between them. Having stabilized the axes, the project takes these as the basis for the system of circulation routes, which is rendered architectural, and the development of the plan leads to the creation of a sense of privacy in the interior of the building, organized on the basis of the ramp giving access to the exhibition galleries, the real vertebral spine of the project.

The new complex is confirmation of a design methodology that looks for its validation to a reality more highly articulated than that of the United States.

Meier once again makes significant use of underlying criteria, above all here that each project constitutes in fact a unique opportunity for experimentation on the possibilities presented by contingent situations –area, nature and context– and pre-existing situations –history– that are drawn into engaging on an equal footing in the organization and the specific functions.

The Frankfurt project that engages with situations that are new but not in essence more complex than others addressed in previous schemes. Here once again, as in the Villa Strozzi in Florence, there was an existing architecture of great quality; not in derelict condition, as before, but in fact volumetrically consistent.

The solution manifests itself this time on the level of analogy: the direct encounter with the existing context –less imposing, or perhaps simply younger (but is nature a leser presence than the built fabric?) in much of the American work– becomes more subtle here. The view from the river is clear and explanatory: one cube (the Villa Metzler) has had another connected to it, in such a way that a dialogue is set up between two

todo lo estimulante o perenne que el área es capaz de ofrecer.

A pesar de ser los instrumentos proyectales los mismos de siempre hay en esta obra cierta forma de concesión aparente. Las plantas, que envuelven la villa preexistente, son la confirmación: la conexión entre lo nuevo y lo antiguo es aquí, voluntariamente, un tenue hilo, a fin de evitar que lo viejo sea congelado en la representación de la propia imagen y que el sentido del proyecto nuevo se menosprecie. El ambiente *in toto* está comprometido en este trabajo de renovación; establecido esto, es lícito desahogarse con todo aquello que sea formalmente conveniente y espacialmente exaltante.

analogous structures.

On the visual plane Meier accepts the confrontation on its own terms, associating it with all that is potentially stimulating and perennial in the area.

There is in this project some form of evident concession, for all that the design instruments are the same as always. The plans, which surround the existing villa, confirm this: the relationship between new and old is here deliberately tenuous, as a means of ensuring that the historic building is not frozen in the representation of its own image and the significance of the new project debased. The atmosphere as a whole is actively involved in this process of renovation; having achieved this, Meier legitimately indulges his taste for the formally appropriate and the spatially exalting.

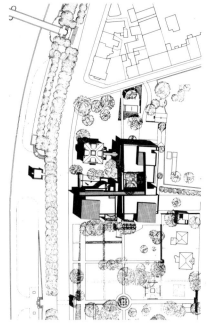

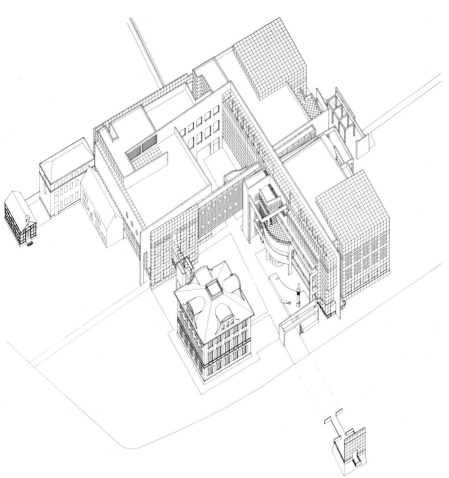

Axonometría

Axonometric sketch

Página anterior:
Planta volumétrica y
rampa de acceso

Previous page:
The volumetric plan and
the entrance ramp

Arriba: Vista nocturna del volumen curvo de la entrada
Debajo: Galería acristalada que une el edificio con la villa Metzler

Above: A view of the curving entrance volume at night
Below: The glazed gallery connecting with the Villa Metzler

Vista de la fachada que da al parque

A view of the parkside facade

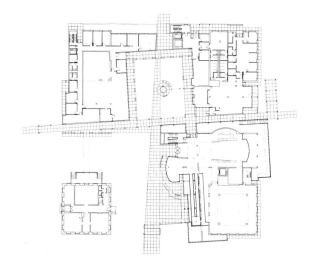

Planta baja

Ground floor plan

1980 Condominio Somerset, Beverly Hills (California). Proyecto

Este es el más palladiano de los proyectos de Meier debido a una inusual búsqueda de la simetría. Simetría agitada, al menos en las dos primeras plantas, progresivamente amortiguada en la cubierta, donde las terrazas colaboran en la definición de las fachadas, iguales de dos en dos.

Meier experimenta en este lujoso complejo, a las puertas de los años treinta, el placer de la "composición estática", explorando y sacando el máximo partido del volumen cúbico basándose en su disposición. En éste todos los elementos, incluso las chimeneas, parecen exhi-

1980 Somerset Condominiums, Beverly Hills (California). Project

In its unusual exploration of overall symmetry, this is the most Palladian of Meier's projects. This restless symmetry, on the first two floors at least, is progressively shifted towards the roof, where the terraces contribute to the definition of the two pairs of facades.

Meier indulges in this luxurious, almost 30s-style condominium, in the pleasure of "static composition", exploring and exploiting to the maximum the basic cubic volume at his disposition; everything here, even the chimneys, seems to manifest a solidity and

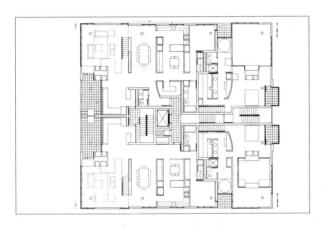

Planta del primer piso

Plan of the first floor

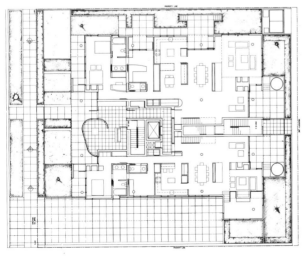

Planta baja

Plan of the ground floor

bir una solidez y una compacidad quizás solo equiparable al *status* de los afortunados propietarios.

El edificio es también interesante por el perfecto juego de relaciones entre planta y alzados y por la rítmica musicalidad compositiva que parece estar en la base de la proyectación, musicalidad que las espléndidas y especulares secciones muestran con orgullo.

compactness perhaps only equalled by the status of the fortunate residents.

The building is also of interest for its perfect play of mutual references between plan and elevations, and for the rhythmically musical composition that seems to lie at the basis of the design; a musicality that the splendid, almost specular sections display unashamedly.

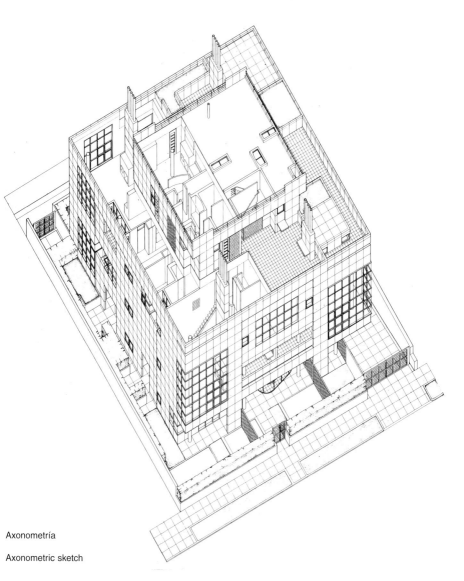

Axonometría

Axonometric sketch

1980-1983   Museo Superior de Arte, Atlanta (Georgia)

La finalidad compositiva del gran pabellón expositivo de Atlanta parece concentrarse en un sistema de atracción hacia el área del museo. Estamos aquí ante una elaboración compacta del sistema de planta en L, dilatado por el corte decidido de la gran rampa de acceso; elemento principal, al menos visualmente, de toda la composición.

Esta acentuación de la apertura en forma de tijeras (véase la planta) del sector circular, en cuya bisectriz se desarrollan diversos "episodios" que culminan en el amigable edículo de entrada, refuerza una *praxis* consolidada: la separación de los espacios en función del uso a que están destinados, rellenando el espacio resultante –el patio así creado– con el macizo del gran volumen del atrio.

El "dinamismo de lo estático" del Atheneum se contextualiza aquí de un modo urbano, ofrece volúmenes transparentes o macizos, pero de cualquier modo volúmenes que "explotan" allí donde le está permitido hacerlo.

La referencia evidente al Guggenheim está diluida en la tercera dimensión. En efecto, la rampa de acceso a las cuatro plantas es sólo un fragmento mnemónico; en el Guggenheim la vialidad y las funciones expositivas no sólo coexisten sino que, con gran desespero de los conservadores, coinciden. En Atlanta la vialidad es la línea de fuerza de todo el programa y tiene un inicio y un final siempre explícitos arquitectónicamente. La gran tensión expresada por el volumen circular acristalado de remembranzas alemanas es en este caso el punto de explosión –contenido entre dos telones de fondo volumétricos– del "crescendo" de los mecanismos neoconstructivistas de la entrada.

1980-1983   High Museum of Art, Atlanta (Georgia)

The compositional objective of the great exhibition pavilion in Atlanta seems to be concentrated on a system for drawing the visitor into the museum area. We are presented here with a compact elaboration of the mechanism of the L-shaped plan, dilated by the penetrating incision of the great access ramp, the outstanding primary element –visually at least– of the entire composition.

This accentuation of the scissor-shaped opening (see the plan) in the segment of a circle, the bisection on which a series of "episodes" is introduced, culminating in the welcoming entrance building, reaffirms a now established practice: the separation of the spaces on the basis of their intended use, filling the space thus voided –the resulting courtyard– with the volume of the great atrium.

The "dynamism of the static" of the Atheneum is contextualized here in an urban mode, offering volumes that are transparent or solid, but always volumes, bursting forth wherever they are permitted to do so.

The evident allusion to the Guggenheim is diluted by the third dimension. The access ramp serving the four levels is in fact no more than a mnemonic fragment; in the Guggenheim the circulation and exhibition functions not only coexist but, to the despair of the curators, coincide. In Atlanta the circulation is the line of force of the entire programme and possesses a beginning and an end that are always architecturally explicit. The great tension expressed by the glazed circular volume with its German associations is in this case the point of explosion –contained between two volumetric walls– of the entrance's "crescendo" of

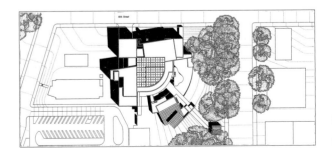

Planta volumétrica

Volumetric plan

El crecimiento "bloqueado" (impuesto quizás por el contexto) que la axonometría más que la realidad parece mostrar tiene en cualquier modo una enorme influencia en el ambiente en su conjunto. Quien visita el museo está de hecho dentro del mismo antes de haber entrado y, por lo tanto, es impelido a hacerlo. Extrañamente este espacio encerrado en sí mismo es el protagonista más urbano: está hecho de luz, de lucernarios, pero sobre todo de la complicidad de la rampa-máquina. Su atractivo imperfecto está, quizás, en el hecho de haber simplemente "envuelto" el espacio; las similitudes con el Guggenheim son, a nivel emotivo, más que notables.

neoconstructivist mechanisms.

The "arrested" growth (perhaps imposed by the context) that seems more apparent in the axonometric sketch than in reality has at all events an enormous influence on the complex as a whole. Visitors thus find themselves inside the building before they are conscious of having entered; effectively drawn in. Surprisingly, this imploded space is the most urban element; a product of the light, of the roof lights, but above all of the complicity of the ramp-machine. Its imperfect fascination consists, perhaps, in having simply "enveloped" the space; on the emotional level, the similarities with the Guggenheim are powerfully apparent.

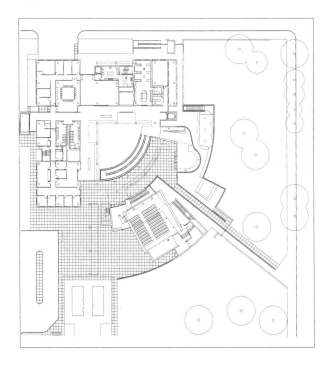

Planta de acceso

Plan of the entrance level

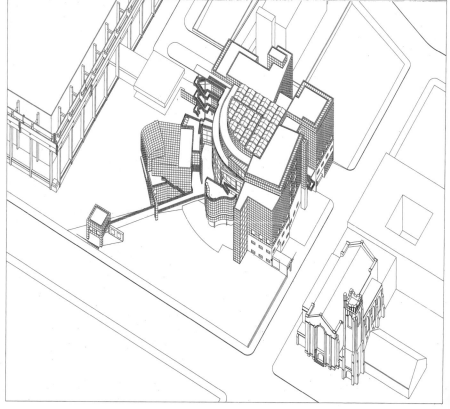

El gran atrio interior
Página anterior:
Arriba: Fachada sur; a la
derecha, la rampa de acceso
Debajo: Axonometría

The great internal atrium
Previous page:
Above: The south facade, with
the access ramp on the right
Below: Axonometric sketch

107

Fachada principal   The main façade

1981 Sede central Renault, Boulogne-Billancourt (Francia). Proyecto

El proyecto para la sede administrativa de la casa automovilística francesa es, a nivel disciplinar, un verdadero desafío: se trata de inserir un complejo edificado en el interior de un área triangular en la que destacan tres torres de los años sesenta.
El programa requiere oficinas para 1.400 personas (cada una debe tener una ventana) y muchos espacios de servicios a la vez que, eterno requerimiento de cualquier encargo, una notable flexibilidad, sobre todo en las últimas plantas.
Meier sobrepone a la malla de los edificios existentes una segunda malla girada 24 grados; afronta de esta manera el problema de las relaciones con el panorama de París llevando a este lado el sistema de las entradas, emplazadas en el centro de la composición.
La planimetría permite individualizar inmediatamente la organización del nuevo complejo.
Un sistema de patios constituido por "edificios excelentes" alberga las oficinas; los patios permiten una suerte de brida o gancho que conecta a las torres existentes proyectándose con una magnífica fachada a la calle que bordea el río; calibrando las alturas en función de la normativa local y de los edificios preexistentes. Un sistema más flexible y quizás excesivamente desenvuelto alberga los espacios de servicios, el museo del automóvil y los restaurantes, afrontando con una fachada más aérea, en curva, la conexión con el barrio circundante.
Intervienen aquí las estrategias proyectuales: el atrio de gran altura con fachadas que permiten entrever el volumen de lo construido; el restaurante a la derecha de la entrada, que se convierte en elemento bisagra en el ángulo; los volúmenes libremente distribuidos en el interior del espacio más lúdico o menos operativo.

1981 Head offices for Renault, Boulogne-Billancourt (France). Project

The project for the headquarters of the French vehicle manufacturer was, on the professional level, a significant challenge: the office complex had to be inserted into a triangular plot overlooked by three 1960s tower blocks.
The brief called for offices for a staff of 1400 (with a window for each person) and numerous service spaces as well as –the eternal request of every corporate client– a considerable degree of flexibility, above all on the top floors.
Meier overlays the grid of the existing buildings with a second grid, rotated through 24 degrees, in this way addressing the problem of the relationships with the panorama of Paris and situating on this side the system of entrances, which are placed at the centre of the composition.
The plan allows the immediate individualization of the organization of the new complex. A system of courtyards constituted of "excellent buildings" accommodates the offices; these courtyards in effect provide a kind of toothing or docking, engaging the existing tower blocks, projecting themselves along the side of the river with a magnificent facade and regulating their height in accordance with local planning regulations and the scale of the neighbouring buildings.
A more relaxed and perhaps excessively loose system accommodates the service spaces, the automobile museum and the restaurants, engaging through a more elevated curving facade the relationship with the neighbouring district.
The familiar design stratagems are employed here: the tall atrium with facades that reveal the structure of the built volume; the restaurant on the right of the entrance that becomes the hinge element of the corner, and the volumes freely distributed in the interior of the more ludic, less productive space.

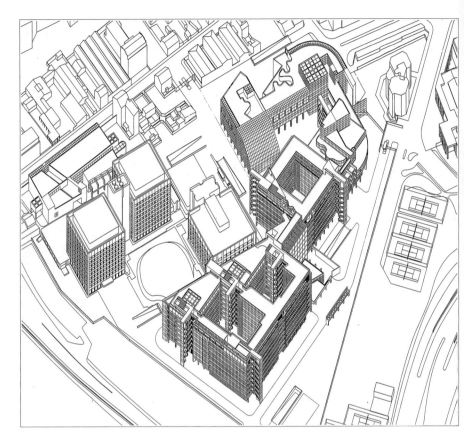

Axonometría   Axonometric sketch

Fachada de los edificios con
patio sobre el Sena

The facade of the courtyard
buildings overlooking the Seine

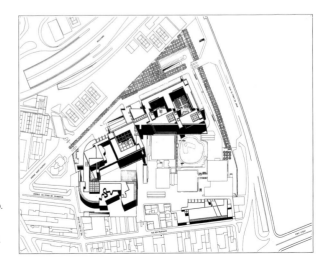

Planta volumétrica del conjunto.
A la derecha, el Sena

Volumetric plan of the complex.
The Seine is to the right.

1982 Viviendas para la Internationale Bauausstellung, Berlín. Proyecto

1982 Housing for the IBA, Berlin. Project

El trazo de un largo gesto, de una línea construida capaz de delimitar diversas atmósferas, es la propuesta de Meier para el IBA, sin ningún asomo de duda clasificable como una de sus mejores obras.

La intervención se realiza en un área densamente ocupada desde el siglo XIX, pero devenida espacio libre, lugar resultante de los usos más variados. El proyecto parece que quiere recrear espacios urbanos del XIX al situar una especie de moderno *crescent*, cuya presencia se sugiere desde la orilla del canal que delimita el área por el norte y desde la fachada de los edificios en la Am Karlsbad. Es una especie de corona circular con gran potencialidad urbana.

La larga secuencia de los edificios goza de una extraña y mágica situación de privilegio debida al hecho de tener un doble espacio urbano y privado. La fachada al canal determina una separación natural, y de confrontación con lo construido existente en la otra orilla, mientras el verde interior recrea una intimidad urbana, en línea con otras memorias, de tradición nórdica y anglosajonas: el *continuum* construido de muchos canales de Amsterdam; la secuencia de las viviendas que adquieren dignidad y monumentalidad gracias al acto iterativo como ocurre en mucha arquitectura londinense; el vocabulario de las arquitecturas blancas tipo Luckhardt que se encuentran en las no lejanas periferias berlinesas.

Meier pliega los extremos de la edificación y no duda en reconstruir parte del tejido pre-

The trace of a long gesture, of a constructed line capable of delimiting a multiplicity of atmospheres is Meier's proposal for the IBA, unquestionably one of his finest projects. The intervention takes on an area densely occupied since the 19th century in which wartime destruction had left gap sites that became the site of highly varied uses: the project seems to wish to recreate 19th-century urban spaces at the point where it introduces a modern crescent, the line of which is suggested by the loop of the canal that delimits the area to the north and the vertical presence of the buildings on Am Karlsbad: a kind of circular crown possessing of urbanistic potency.

The long sequence of buildings is endowed with a strangely magical situation of privilege in having a double space, both urban and private. The facade looking onto the channel marks a natural break and confrontation with the built presence on the other bank, while the landscaped interior reproduces an urban intimacy that evokes other memories, of the Nordic and Anglo-Saxon tradition: the built continuum of many of the Amsterdam canals, the sequence of houses acquiring dignity and monumental presence from the act of repetition, as in so much London architecture, the vocabulary of the white architectures à la Luckhardt within reach in Berlin's not so distant suburbs.

Meier folds over the two ends of the crescent, and unhesitatingly reconstructs part of the existing fabric on the street facade (on the

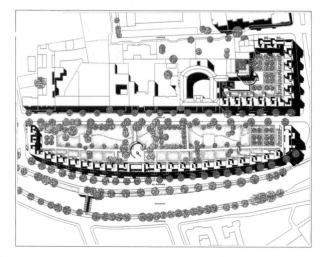

Planta volumétrica

Volumetric plan

Página siguiente:
Axonometría y vista de la maqueta

Facing page:
Axonometric sketch and a view of the model

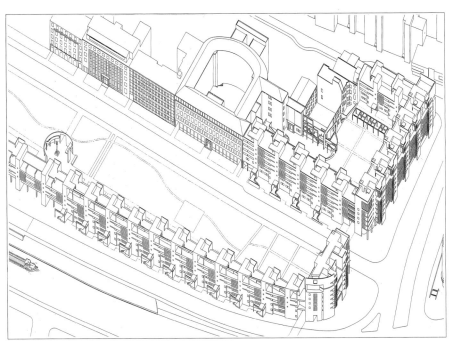

existente en la fachada de la calle (a la derecha en los planos) para obtener una solución de continuidad y de conclusión proyectual. Por lo demás, la confrontación con las preexistencias está cerrada: más allá del canal encontramos la Nationalgalerie, de Mies, y el desproporcionado volumen del Archivo del Estado, de Scharoun.

right in the plan) to establish a sense of continuity and conclusion of the intervention. The rest of the project disengages from confrontation with the surrounding built environment: on the other side of the canal are the Nationalgalerie by Mies and the oversized presence of Scharoun's State Archive.

1982-1984   Ampliación del Centro de Arte Des Moines, Des Moines (Iowa)

El encargo de la ampliación del Centro de Arte Des Moines llega cuando la experiencia proyectual museística está ya consolidada. Éste es quizás el momento más entusiasta para un arquitecto, pero también es el más peligroso y difícil, en cuanto sirve de verdadero banco de pruebas de ideologías profundas. Pero si la praxis profesional corriente permite en estas ocasiones licencias formales no siempre concedidas por estructuras diversas, para Meier la proyectación de museos es sólo un capítulo, con idéntica valencia, de las infinitas posibilidades de las combinaciones espaciales.

La investigación sobre la expansión volumétrica de los ambientes, ya presente desde las primeras viviendas, procede pues de una línea ideológica que excluye la multiplicidad de lenguajes diversos y produce situaciones espaciales que se estudian a "sí mismas" y su factibilidad se lleva hasta el nivel máximo de abstracción. Si nada es más real que la poesía, nada es más real que la poesía construida.

El proyecto de Des Moines implica de cualquier modo un tipo de experimentación: el programa pide la ampliación de un edificio realizado en 1948 por Eliel Saarinen, ampliado (si es que puede llamarse así) por I.M. Pei en 1965.

El proyecto original de Saarinen es una especie de base neutra en su inteligente linealidad; es una construcción de una sola planta –con la excepción de una galería– con una situación panorámica exaltada por la simplicidad de las premisas de fondo elegidas. El museo "clásico" de Saarinen forma una U, que la intervención de Pei sella cerrando el lado faltante y creando en su interior un

1982-1984   Extension to the Des Moines Art Center, Des Moines (Iowa)

The commission to extend the Des Moines Art Center came once Meier had consolidated his experience in museum design –a process that is perhaps the most stimulating, but also the most difficult and the most dangerous period for an architect, an exacting test of the underlying ideologies. But if contemporary professional practice tends to allow a greater degree of formal licence in this field than for other kinds of structure, for Meier museum design is simply one aspect, with identical valences, of the infinite possibilities of spatial combination.

The investigation of the explosion of the volumes and spaces, which goes back to Meier's first houses, is here conducted along a linear ideological channel that excludes any multiplicity of expressive languages and produces spatial situations that "study themselves" and carry their own feasibility to the most abstract level possible. If nothing is more real than poetry, then nothing is more real than built poetry.

At the same time, the project for Des Moines involves an element of experimentation; the programme called for an extension to a building constructed in 1948 by Eliel Saarinen, and subsequently extended (if the term can be used in this case) by I. M. Pei in 1965.

The original project by Saarinen constitutes, in its intelligent linearity, a kind of neutral base; this is a single-storey construction –with the exception of a single gallery– occupying a panoramic situation that is exalted by the simplicity of the underlying design decisions. Saarinen's "classic" museum forms a U that is sealed off by Pei's intervention, which closes the open side of the figure to create a garden for the exhibition of sculpture.

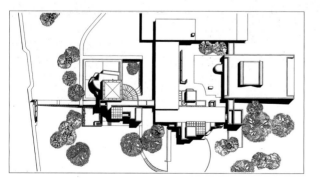

Planta volumétrica con el edificio en forma de U proyectado por Saarinen, el edificio de Pei y la ampliación de Meier

Volumetric plan showing Saarinen's U-shaped layout, the building by Pei, and Meier's extension

jardín destinado a exposición de esculturas. El proyecto de Meier se articula en tres episodios proyectuales: los dos primeros unen un ala del edificio de Saarinen, el tercero crea un polo de atracción sobre el eje de la misma ala donde construye un nuevo elemento espacialmente autónomo, separado de las preexistencias. El resultado es una especie de Atheneum centrípeto, una estructura concentrada sobre sí misma que comprime más que exalta las energías estelares que en el

Meier's project is articulated in three design episodes: the first two abut on one wing of Saarinen's building, while the third creates a pole of attraction on the axis of the same wing, where it constructs a new and spatially autonomous volume, detached from the existing building. The result is a kind of imploded Atheneum, a structure concentrated on itself that compresses more than it exalts the stellar energies that the Atheneum radiated out to the exterior.

Arriba: Ampliación norte; a la izquierda la galería que comunica con el edificio de Saarinen
Debajo: Fachada norte del mismo edificio

Above: The extension from the north, with the gallery connecting with Saarinen's building
Below: The north facade of the new building

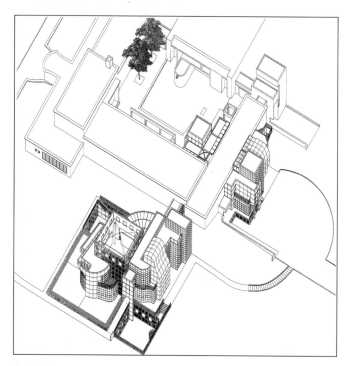

Axonometría

Axonometric sketch

Atheneum se proyectan hacia el exterior.
En realidad el esquema del cuerpo entera-
mente proyectado y destinado a los nuevos
espacios expositivos, está idealmente inspira-
do en el museo de Atlanta, miniaturizando
algún gesto, como la rampa, y ampliando
hechos que en Georgia eran episodios menores. En Des Moines el paralelepípedo central
se convierte en el sostén compositivo: a él se
incorporan volúmenes, ya clasificados en la
memoria productiva de Meier, reelaborados
en función de la nueva situación.

Meier parece no querer competir con las preexistencias de autor y sitúa su intervención a
otro nivel, o por lo menos, a la distancia suficiente como para conservar la plena autonomía de su intervención. La cual, en su soledad, es sólida y compacta, quizás en virtud
del uso del granito, al que se reconoce un
papel dominante en la definición de los volúmenes de "base", mientras que los episodios
de "contorno" (no por esto inferiores compositivamente) se revisten de las acostumbradas
plaquetas blancas.

In fact the layout of the entirely new volume
designed to provide additional exhibition
spaces is ideally descended from the Atlanta
project, minimizing certain gestures, such as
the ramp, and amplifying factors that were
minor episodes in Georgia. In Des Moines the
central cuboid becomes the fulcrum of the
composition; this draws to it other volumes
already classified in Meier's design memory
and here re-worked in terms of the new
situation.

Meier seems unwilling to compete with the
existing architectures, and positions his
intervention out of range, or at least at a
distance sufficient to conserve its complete
autonomy. His project, in its isolation, is solid
and compact, perhaps thanks in part to the
use of granite, which is given a prevalent role
in the definition of the "basic" volumes, while
the "surrounding" episodes (which are not, on
that account, inferior in their composition) are
clad with the familiar white panels.

Arriba: El volumen construido en el interior del patio existente
Derecha: Las escaleras interiores de la ampliación norte

Above: The volume constructed in the interior of the existing courtyard
Right: The internal staircase of the northward extension

117

1983-1996   Sede administrativa Siemens, Munich

El complejo de oficinas del grupo industrial Siemens está situado en un área problemática de Munich, en la Oskar von Miller Ring, una arteria que rompe violentamente la regularidad de la malla urbana, no lejos de la Ludwigstrasse, la avenida monumental con edificios neoclásicos de Leo von Klenze.
El análisis del solar, un área más bien trapezoidal, sugiere la solución que privilegia el frente a lo largo del Ring. Se sitúa aquí la plaza de entrada, adornada con una pérgola que se alinea con el perímetro de la calle: un espacio cuneiforme, con sus fachadas orientadas hacia un portal arquitectónico curvo, que concentra los accesos peatonales y de vehículos hacia una calle privada que transcurre a lo largo del Ring. Las fachadas de los edificios para la Renault de París son aquí más rigurosos; el complejo requiere una intimidad y la obtiene mediante el juego de los patios donde el revestimiento transparente cede su lugar a la piedra y a ventanas de corte casi clásico.
La estrategia del diafragma curvo permite la conexión visual y real del edificio existente en el ángulo con el complejo de las nuevas implantaciones: proyectada hacia el exterior, esta pantalla arquitectónica es el residuo de una operación que ha depurado por motivos funcionales los sistemas constructivos que eran meramente espaciales y personales, de los que es casi un recuerdo.
Este hecho supone un cambio en los códigos expresivos a los que Meier nos tenía acostumbrados hasta ahora, pero, como las pesadas pérgolas de todos los albergues americanos, tiene una función puntual a nivel urbano y, a pesar de que el término pueda parecer limitado, ejerce también una función decorativa de la plaza. La inutilidad funcional se convierte en necesidad proyectual.
Este es el armazón de toda la composición, al que se añaden los signos de una permanencia continuada del proyectista en el antiguo continente (véanse los patios). Espacios públicos y espacios privados se expresan –¿acaso no era también así en las primeras viviendas?– en lenguajes diversos con recursos expresivos distintos, pero no hay duda de que ésta es una solución muy propia de las dos culturas, la expresiva de Meier y la más antigua del lugar.

1983-1986   Head offices for Siemens, Munich

The office complex for the Siemens industrial group is situated in a problematic sector of the Oskar von Miller Ring, a major artery that radically breaks with the regularity of the urban grid, not far from the monumental avenue of Ludwigstrasse with its neoclassical buildings by Leo von Klenze.
The analysis of the effectively trapezoidal site suggested the solution adopted, which privileges the facade along the Ring. This accommodates the entrance plaza, screened by the pergola aligned with the street axis: a cuneiform space, visually oriented towards the architectural curve of the portal that concentrates the pedestrian and vehicle accesses onto a private street running alongside the Ring. The facades of the Renault building in Paris appear here in more rigorous form; the complex seeks a privacy that it obtains in the play of courtyards, where the transparency of the glazing gives way to stone and windows of almost classical proportions.
The stratagem of the curving diaphragm facilitates the visual and physical engagement between the existing corner building and the new intervention; projecting out to the exterior, this architectural screen is the product of the functionally motivated operation of refining the more strictly spatial and personal construction systems, of which it is virtually a memory.
This marks a change in the expressive codes usually found in Meier's earlier work, but, like the heavy pergolas of the American residential buildings, it has a specific function on the urban level and, although the term might seem reductive, in the decorative laying out of the plaza. Its functional redundancy subsumed in its design necessity.
This is the fulcrum of the entire composition, agglomerating the signs of an ongoing constancy in Meier's European design approach (see the courtyards). Public spaces and private spaces are expressed –in a way reminiscent of the first houses– in different languages using different expressive mechanisms, but there is no doubt that this is a solution profoundly integrated into its two cultures: Meier's expressive culture and the more historic culture of the place.

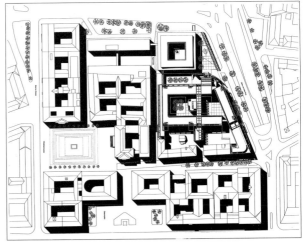

Arriba: Vista de la plaza situada
enfrente de la entrada. A la
derecha, el edificio Siemens construido en los años cincuenta
sobre el Oskar von Miller Ring
Derecha: Planta volumétrica del
proyecto y conjunto urbanístico
completo

Above: View of the plaza in front
of the entrance. To the right is the
Siemens building constructed on
the Oskar von Miller Ring in the
1950s
Right: Volumetric plan of the
project and the surrounding
urban fabric

1983 Reconversión del Lingotto, Turín. Concurso

Primero de una serie de proyectos que realiza Meier para Italia, aunque sea en un concurso, el del Lingotto es con diferencia el más incisivo.

La escala de la intervención precisa descripciones detalladas para que se pueda comprender el mecanismo interno del proyecto, pero su proceso, o sea su resolución gráfica, es perfectamente comprensible en la esencialidad de su "gesto"; el organigrama de las estrategias, tan presente y evidenciado en el pasado, en proyectos de dimensiones reducidas, se verifica ahora en la dimensión inexorable de la escala urbana.

El tema del concurso es tan conocido casi como el edificio –tan celebrado por Le Corbusier– de Matté Trucco, caracterizado por disponer de un circuito para pruebas automovilísticas en su cubierta. Pero el problema del concurso es más amplio y atañe a la rehabilitación de toda el área de las exoficinas de la Fiat.

La propuesta de Meier apunta a la rehabilitación formal y funcional del viejo edificio con un programa articulado: un conjunto residencial, un museo, tiendas y una conexión a la red ferroviaria, con la intención de abrir el complejo a la ciudad.

El gesto es simple. Al oeste un edificio puente, de siete plantas de altura, atraviesa el sistema ferroviario, al que está conectado mediante tres edificios cúbicos: estaciones de maniobra de los diversos tipos de tráfico (norte-sur, este-oeste, nacional, internacional); una calle, que se comunica con el circuito de pruebas, conecta las tres estaciones y termina en la gran doble rampa de acceso a la calle.

Al este, la monumental fachada de Matté Trucco es horadada para crear los accesos a las viviendas, las oficinas y a la calle interior, tan larga como el edificio, que conduce al garaje y a los bloques de viviendas, encajada en un módulo que es, muy esquemáticamente, la mitad del módulo estructural original (6x6 m).

La sobreposición de las mallas habitualmente utilizadas en planta (una ortogonal y otra diagonal girada 20,5 grados, sobre la que se asienta el brazo construido que salva las vías) se utiliza como estrategia en la proyectación de las viviendas. Permite en efecto la constitución de dos unidades espaciales contrapuestas en las que se encuentran espacios y ambientes diferentes: en la unidad situada al este encontramos la cocina y la sala de

1983 Conversion of the Lingotto factory, Turin. Competition

The Lingotto conversion, the first in a series of projects by Meier in Italy, and although only a competition scheme, is by far the most incisive.

The scale of the intervention requires a detailed description to make intelligible the internal mechanism of the project, but the overall approach, or its graphic presentation, is perfectly legible in the starkness of its "sign": the organigram of the strategies, both present and inherited from the past at the level of smaller-scale building, is validated here in the inescapable dimensions of the urban scale.

The frame of reference of the competition was effectively identified with the building –so warmly praised by Le Corbusier– by Matté Trucco, characterized by the vehicle test circuit on its roof. However, the brief was wider in scope, taking in the rehabilitation of the whole area formerly occupied by the Fiat plant.

Meier's proposal is directed at the formal and functional rehabilitation of the old building, with an articulated programme comprising a residential development, a museum, shops and connection with the railway network, to improve communications with the city.

The gesture is simple. To the west a bridge building seven storeys high crosses the railway line, to which it is connected by means of three cubic volumes, stations for handling various different types of traffic (north-south, east-west, national and international); a street that incorporates the test circuit links the three stations and terminates in the great double access ramp at street level.

To the east the monumental facade by Matté Trucco is perforated to create the accesses to the housing, the shops and the internal street running the length of the building that the garages and the residential units, laid out on a modular frame that is simply half that of the original structural grid (6 x 6 m).

The overlaying of the grids habitually utilized in the plan (one orthogonal, one set at a 20.5° diagonal, on which is imposed the spur of construction that straddles the railway line) is adopted as a stratagem in the design of the housing. This allows a division into two counterposed spatial units which accommodate different spaces and environments; the east-facing unit contains the kitchen and the double-height living room, while in the unit to the west, with its constant

Arriba: Perspectiva
aérea
Debajo: Planta por la
calle interior y de las
pasarelas de comuni-
cación

Above: Aerial
perspective
Below: Plan of the
interior street level
and the walkway
bridge level

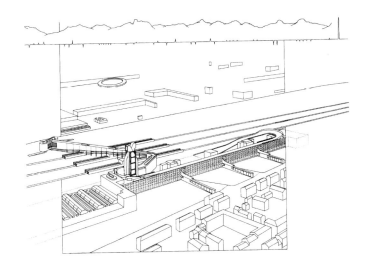

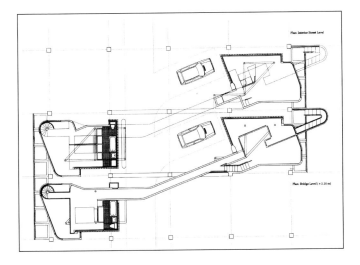

estar organizada en un doble volumen, en la del oeste los espacios más privados en ambientes de altura constante.

Al sur, la gran torre del tráfico con sus ventanas encaradas hacia el paisaje confirma el ritmo vertical de la composición y la caracteriza en el *skyline* ciudadano; las memorias históricas (un pellizco de Art Visual Center y de Olivetti lecorbusieriana) han asimilado así parte del tejido urbano restituyendo a la intervención una dimensión arquitectónica total profundamente unitaria.

height, is occupied by the more private spaces.

The great traffic tower to the south, its windows looking out over the landscape, establishes the vertical rhythm of the composition and characterizes it on the city skyline; historical memories (a suggestion of Le Corbusier's Art Visual Center and Olivetti buildings) have thus assimilated part of the urban fabric, restoring to the intervention as a whole a profoundly unitary architectonic dimension.

1984-1986   Vivienda unifamiliar en Westchester County (Nueva York)

1984-1986   House in Westchester County (N.Y.)

Una absoluta axialidad de la implantación regula la variedad visual del paisaje circundante que la casa, a su vez, se empeña en dominar. El garaje y la piscina se sitúan en el extremo del eje este-oeste, que corta longitudinalmente una estructura-castillo anclada sobre sí misma. La vivienda tiene carácter de implantación urbana con guiños a complejidades ideológicas de resultados amortiguados, casi concediendo más espacio a las exigencias y a las peticiones de la propiedad.
En los interiores desaparecen los muebles de Le Corbusier, pero aparecen los de Mackintosh, más idóneos quizás para dialogar con una composición que se complace en

An absolutely axial layout regulates the visual variety of the surrounding landscape, which the house seeks to dominate. Garage and swimming pool are located at the extremes of the east-west axis that cuts longitudinally through an inward-focused castle-like structure. The house has something of an urban character with indications of ideological complexity in its muted detailing, in an apparent commitment to devoting the maximum of space to the demands of the brief.
In the interiors, the Le Corbusier furniture has gone, but the Mackintosh remains, perhaps better adapted to dialogue with a composition

Axonometría

Axonometric sketch

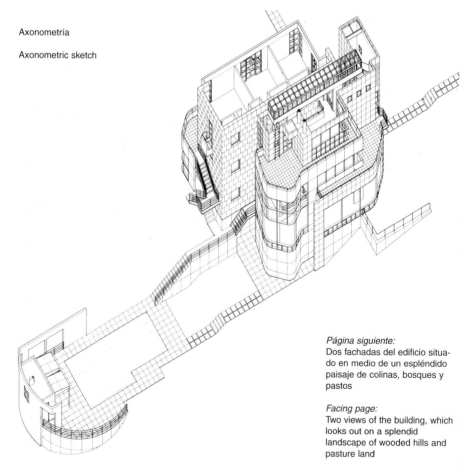

Página siguiente:
Dos fachadas del edificio situado en medio de un espléndido paisaje de colinas, bosques y pastos

Facing page:
Two views of the building, which looks out on a splendid landscape of wooded hills and pasture land

jugar con estímulos y sugerencias wrightia- nas. La diferencia cromática de los revesti- mientos evidencia y transmite al exterior la finalidad y el destino de los interiores: blancos y en parte revestidos los espacios colectivos, densos y de ladrillo los más privados.

that delights in responding to Wrightian stimuli and suggestions. The chromatic difference in the claddings reveals and transmits to the exterior the uses and functions of the interiors: white, with panelling in places, for the communal spaces, and a thicker and darker brickwork skin for the more private zones.

1984   Casa Helmick, Des Moines (Iowa).
Proyecto

El proyecto, no realizado, se desarrolla en un pequeño solar periférico, lindante con una reserva ambiental que proporciona una pantalla natural incluso a los mismos espacios interiores.

La axialidad preanunciada del proyecto de Westchester está aquí exaltada por la linealidad del esquema: tridimensionalización de las líneas de fuerza –la línea recta y la circunferencia– y reafirmación del concepto dinámico de la estaticidad.

El alzado no hace más que explicitar los volúmenes de base, siempre limpios y bien definidos en su emerger desde la planta y siempre dotados de una densidad constructiva desconocida en los proyectos de los años setenta. Se destacan así el muro, que organiza el sistema de recorridos interiores, el cilindro de doble altura de la sala de estar y un susurro de líneas quebradas; algunas sólo necesarias compositivamente, como el muro bajo del jardín, otras realizadas en tres dimensiones, como el elemento que une la sala de estar con el cuerpo de la escalera.

Una extrema claridad de la implantación, junto con una insospechada rica complejidad de los interiores, caracteriza este agradable proyecto *en longueur*.

1984   Helmick house, Des Moines (Iowa). Project

This unbuilt project was designed for a narrow peripheral plot, bounded by a nature reserve that provides the interior of the house with natural shelter.

The immediately declared axiality of the Westchester project is here exalted by the linearity of the layout, in the three-dimensional treatment of the lines of force –the straight line and the circumference– and the reaffirming of the dynamic concept of the static.

The elevation is concerned to make explicit the basic volumes, which are unfailingly cleaner and more defined where they emerge from the plan, and everywhere richer in their possession of a built thickness not found in the projects from the seventies.

Emphasis is thus placed on the wall that organizes the system of internal circulation, the double-height cylinder of the living room and a tremor of broken lines, some of them necessary only in compositional terms, such as the low garden wall, and others intrinsic to the third dimension, such as the element that connects the living room to the stair well.

An extreme clarity in the layout, combined with the unexpectedly rich complexity of the interiors, characterizes this pleasing project *en longueur*.

Planta volumétrica

Volumetric plan

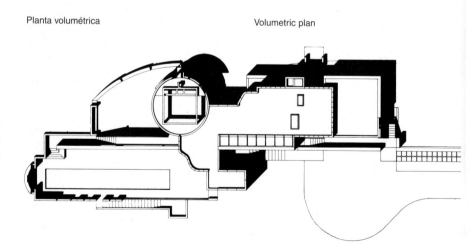

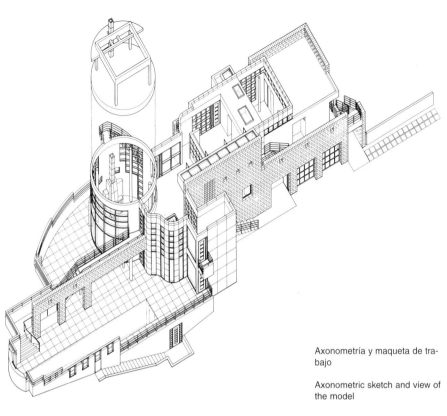

Axonometría y maqueta de trabajo

Axonometric sketch and view of the model

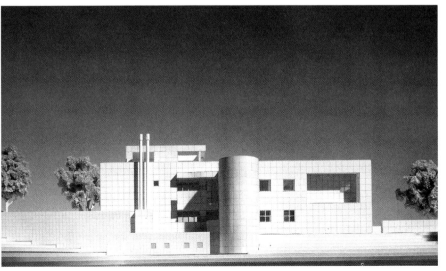

125

1984-1989 Complejo Siemens para oficinas y laboratorios, Munich

Idealmente vecino al complejo Renault, el segundo proyecto para el gran grupo alemán se afana por restablecer un tranquilo y confortable orden urbano, eficiente y claro en la implantación general.

Dos implantaciones urbanas, conectadas a lo existente mediante el elemento circular situado en el centro, constituyen el modo con el que la ciudad se reapropia de sí misma.

Los diagramas de intervención que estábamos acostumbrados a encontrar en la implantación de las viviendas unifamiliares se alargan a escala territorial y se convierten en efectivo instrumento de control de las varias coordenadas y de las incógnitas planteadas por el ambiente y la complejidad externa. La ciudad es sólo una gran casa, y viceversa.

1984-1989 Office and laboratory complex for Siemens, Munich

An ideal of the scheme for Renault, this second project for the great German industrial group opts to recreate a tranquil and reassuring urban order that is clear and efficient in its general layout.

Two urban layouts, attached to the existing complex by way of the circular element set at the centre of the scheme, constitute the mechanism by which the city reappropriates itself.

Those diagrams for reading the intervention familiar to us from the laying out of the projects for private houses are drawn out onto the territorial scale to become the effective instrument of control of the various coordinates and the incognitos introduced by the external environment and its complexities. The city is simply a big house, and vice versa.

Axonometría del proyecto

Axonometric sketch

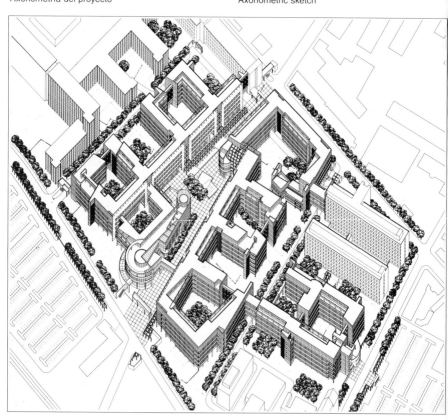

Dos vistas del edificio   Two views of the complex

1984-1986   Casa Ackerberg, Malibú (California)

En esta villa, situada frente al océano, afloran elementos recurrentes en la tradición de California: se reelaboran en tono menor recursos ya adoptados en situaciones precedentes. Retomando en el *layout* del conjunto el esquema de planta de la villa de Palm Beach, se introducen alusiones locales que la convierten en algo distinto de lo que las premisas generales podrían hacer pensar.

El clásico vocabulario de Meier se enriquece aquí con el pórtico, y refuerza el uso y el placer por el sentido del volumen lleno, descubierto estos años.

Los mecanismos distributivos están en parte definidos por la geometría del conjunto; predominan el paralelepípedo, el rectángulo, la axialidad puntual, pero el marco del pórtico reconstruye el dinamismo habitual y una cierta disponibilidad "solar" de esta arquitectura, además de mediar en el cambio de escala de las orientaciones hacia las colinas y sobre el océano.

Esta disponibilidad levemente "contextual" suaviza el rigor absoluto de muchos proyectos precedentes y presenta un Meier quizás menos *eastern*, pero siempre capaz de dominar la contextualización en sus aspectos mas *naif*, capaz de recortar "ángulos de memoria" románticos (véase el patio), pero inteligentemente sugerentes.

1984-1986   Ackerberg house, Malibu (California)

This villa overlooking the ocean manifests a number of recurrent elements in the California tradition: in a minor key, expedients previously adopted in other situations are reworked here, with the layout of the complex returning to the plan of the Palm Beach villa, alongside the introduction of local allusions that make the result very different from what the general premises seem to suggest.

Meier's classical vocabulary is enriched here by the portico, emphasizing the use and the pleasure in that sense of the solid volume discovered during this period.

The distribution mechanisms are to some extent defined in their complex geometry: the predominant elements are the cuboid, the rectangle, the focused axiality, although the design of the portico recreates the accustomed dynamism and the somewhat "solar" availability of this architecture, in addition to mediating the transitions of scale between the two sides of the house, landward and seaward.

This slightly "contextual" availability is lacking in the absolute rigour of many of the preceding projects, and reveals a Meier who is perhaps less *Eastern*, but no less capable of dominating the more naïf aspects of the contextualization and carving out Romantic (see the courtyard) yet intelligently suggestive "corners of memory".

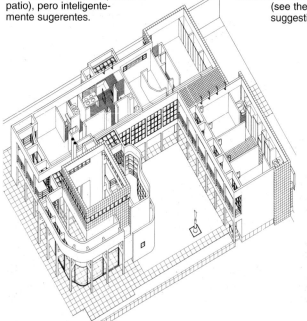

Axonometría

Axonometric sketch

Página siguiente:
El *brise-soleil* recorre las fachadas sur y oeste

Facing page:
The *brise-soleil* running around the south and west facades

1984-1989 Centro Bridgeport, Bridgeport (Connecticut)

Este auténtico asentamiento urbano ocupa una manzana trapezoidal entera de la ciudad de Connecticut, casi al abrigo de una arteria urbana elevada en un extremo de la típica malla urbana metropolitana.

El proyecto persigue con tenacidad la idea de una variedad en la unitariedad que ya se vislumbraba en alguna de las últimas residencias: materiales, escala de los volúmenes y elementos generadores de las plantas son la demostración.

En Bridgeport el volumen de lo construido es imponente y el diálogo con el paisaje urbano parece imponer a Meier comportamientos relativamente nuevos, como un cierto desafío a la verticalidad, evitada hasta ahora en los proyectos a escala urbana o, cuanto menos, diluida en una complejidad sobre todo horizontal. La circunferencia, hasta ahora siempre relacionada a otros elementos generadores, es la verdadera protagonista de la planta, su dinamismo, mitigado por la reclusión que comportan las soluciones en ángulo, constituye una entidad autónoma, pero atenta al entorno gracias a una precisa delimitación de las zonas de uso; el atrio y las partes altas dialogando entre ellas tienen indudablemente en su fisonomía final algo familiar para el paisaje metropolitano de Estados Unidos, confusión organizada incluida.

La plaza situada frente al gran atrio, albergando el volumen del pequeño museo Barnum, consigue plenamente el objetivo de crear un microcosmos urbano fragmentario y no monumental.

1984-1989 Bridgeport Center, Bridgeport (Connecticut)

This truly urban intervention occupies an entire trapezoidal block of the city of Bridgeport, virtually in the shadow of a raised urban expressway, on the edge of the typically metropolitan urban grid.

The project tenaciously pursues the idea of variety within a unitary design that characterized some of the immediately preceding residential schemes, as demonstrated here by the materials, the scale of the volumes and the generating lines of the plan.

In Bridgeport, the built mass is imposing, and the dialogue with the urban landscape seems to prompt Meier to relatively new behaviours, such as the challenge of the vertical here, generally avoided in projects on the urban scale or at least diluted in a predominantly horizontal overall complexity. The circumference, up till now always related to other generating lines, is the true protagonist of the plan; its dynamism, contained by the closure of the treatment of the corners, constitutes an autonomous entity that at the same time reveals its concern with its surroundings in the precise delimitation of the functional zone; there is no doubt that the final physiognomy of the atrium and the taller elements that engage in dialogue with one another possesses something familiar within the metropolitan landscape of North America, even in their organized confusion.

The plaza in front of the great atrium, conserving the small volume of the Barnum Museum, fully achieves its object of creating a fragmentary and a-monumental urban microcosm.

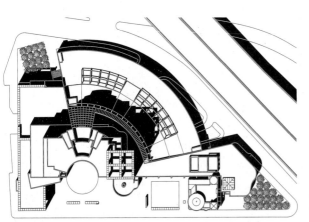

Planta volumétrica

Volumetric plan

Página siguiente:
Dos vistas del exterior y detalle de la cubierta sobre el patio principal

Facing page:
Two views of the exterior and a detail of the roof of the main atrium

1985-1989   Casa Grotta, Harding Township (Nueva Jersey)

Profundizando *a posteriori* en los estudios sobre la línea de fuerza utilizada en la casa Helmick, la línea recta y la circunferencia se confrontan en esta obra en una axialidad distinta y tienden a hacer menos explícitos los volúmenes surgidos de la implantación de base. La circunferencia es en este caso un volumen-bisagra, situado en la intersección de los ejes y encastado muy sencillamente, entre los volúmenes más puros de los paralelepípedos.

El muro, no tan utilizado como bastidor bidimensional, alberga los recorridos en los dos niveles; la composición tiende a englobar todos aquellos "accesorios" de arquitectura una vez explicitados hasta ser elementos de efectiva personalización de lo construido.

1985-1989   Grotta house, Harding Township (New Jersey)

Exploring in greater depth the studies of the lines of force undertaken in the Helmwick House, straight line and circumference are here brought into confrontation on the basis of a different axiality in order to make more explicit the volumes suggested by the basic layout. The circumference is in this case a solid hinge, positioned at the intersection of the axes and inserted with great simplicity between the purer cuboid volumes.

The wall, consistently less utilized as a two-dimensional division, accommodates the circulation routes on two different levels, and the composition tends to embrace all of these architectural "accessories", rendered duly explicit and embodied as elements in the effective individualization of the built presence.

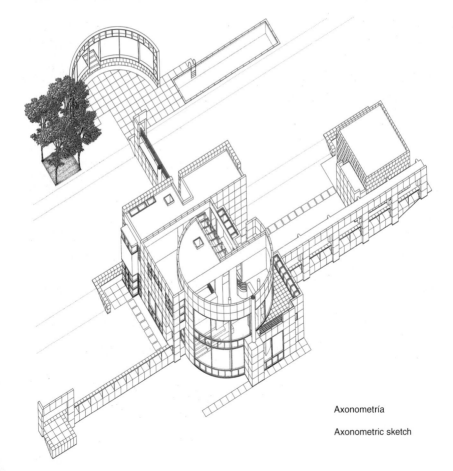

Axonometría

Axonometric sketch

Arriba: Un pasaje cubierto comunica el garaje con la casa
Debajo: Vista parcial de la sala de estar a doble altura

Above: A covered passage connects the garage to the house
Below: A corner of the double-height living room

1985-1997 Centro Getty, Los Ángeles (California)

Con este "programa" de proyectos la arquitectura intelectualizada del Este desembarca definitivamente en Los Ángeles, en aquel gran nexo de imágenes que es la capital cultural de California.

El Centro Getty, destinado a transmitir a la posteridad la magnificencia de los propietarios es una gran implantación situada en la cresta de las colinas, dominando el panorama. Las dimensiones de esta contraciudad o ciudad del arte son notables: cerca de 44 hectáreas, de las cuales 10 están destinadas a la edificación, con un programa ambicioso en el calendario de las realizaciones (comenzado en 1991, debe estar terminado en 1997) y sobre todo en el plano ideológico. De hecho la Fundación Getty, en un papel simultáneamente público y privado, además de la actividad museística, incentiva con donaciones y becas toda clase de actividades visuales o artísticas, subvenciona, y proporciona sedes adecuadas a las actividades que acoge.

Como de costumbre el proyecto presta gran atención a la orografía del terreno. Este surge en posición óptima desde cualquier punto de vista: se divisan las colinas de Santa Mónica y buena parte de Hollywood, está cerca de la San Diego Freeway y es fácilmente accesible, por lo menos hasta al aparcamiento situado en la ladera. Los desplazamientos interiores se realizarán con sistemas de transporte del propio Centro, que consigue de esta manera el control de los accesos y una forma de silenciosa privacidad en una ciudad en la que la presencia automovilística es como mínimo obsesionante. Por lo tanto no se trata de un *drive in* del arte.

Las directrices de las líneas de fuerza de la planta apuntan a una optimización de las mallas existentes; la primera generada por la malla de Los Ángeles y la segunda por un eje que va de norte a sur alineado a un barranco y que termina en el centro focal del complejo. Allí surge el armazón compositivo, confiado a los espacios del museo y a los del Center for the History of Art and the Humanities. En la cima del barranco, en el *crescendo* de las bajas arquitecturas menores, casi como en un *campus* se sitúa la increíble secuencia de actividades internas: el Center for Education, el Trust Building, el Art History Information Program, el auditorium. Se intenta crear un desorden "proyectado" y una secuencia de espacios e imágenes, en una continua relación entre jardines aterrazados y ambiente construido.

1985-1997 Getty Center, Los Angeles (California)

With this "programme" of projects the intellectualized architecture of the east coast makes its definitive appearance in Los Angeles, in that great nexus of images that is the cultural capital of California.

The Getty Center, designed to transmit the munificence of the patrons to future generations, is a major complex laid out on the ridge of the hills overlooking the surrounding panorama. The sheer scale of this countercity or city of art is remarkable: almost 44 hectares, 10 of them covered by building, with a programme ambitious in its time scale (going on site in 1991, for completion in 1997) and above all in its ideological dimension. The Getty Foundation in fact engages in both a private and a public role: in addition to its museum function it promotes activities of all kinds in the visual arts by means of donations of funding and study grants, setting up and financing venues for the visual arts.

Considerable attention is devoted here, as usual, to the topography. The terrain is optimally situated from every point of view: overlooking the Santa Monica hills and a large part of Hollywood, it is close to the San Diego freeway and thus readily accessible, at least as far as the car park on the side of the hill. Internal circulation is provided by the Center's own transport system, which thus ensures control over the accesses and a considerable degree of quiet and privacy in a city in which the automobile is an obsessively ubiquitous presence; the Getty Center is no art drive-in.

The directing lines of force of the plan point to an optimization of the existing grids; the first generated by the Los Angeles urban grid and the second by the north-south axis aligned along the canyon and terminating at the focal centre of the complex.

This point is the fulcrum of the composition, devoted to the spaces of the museum and the Center for the History of Art and the Humanities. On the crest of the canyon, in the crescendo of lesser architectural volumes, almost a campus, the scheme develops its incredible sequence of internal functions and activities: the Center for Education, the Trust Building, the Art History Information Program and the Auditorium, seeking in this way to create a "designed" disorder and a sequence of spaces and images in a continuous rapport between landscaped terraces and built spaces.

Arriba: A la izquierda, el auditorio y el Instituto y a la derecha, el cuerpo circular del Centro para la Historia del Arte

Above: View of the model showing the Auditorium and the Conservation Institute on the left, the museum complex in the centre, and the circular volume of the Center for the History of Art on the right

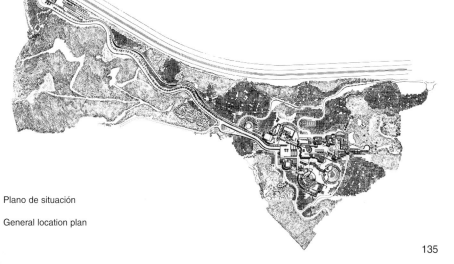

Plano de situación

General location plan

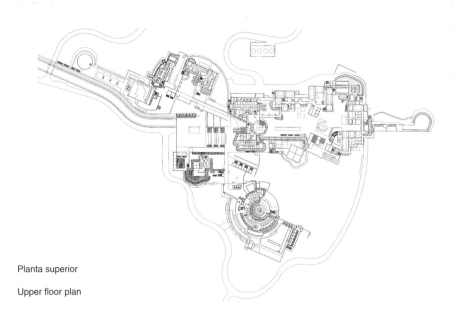

Planta superior

Upper floor plan

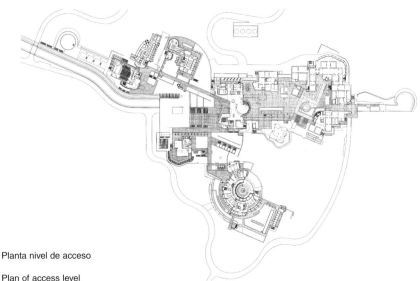

Planta nivel de acceso

Plan of access level

El museo hace suya esta filosofía y se alarga sobre la cresta de las colinas en una sucesión de patios y de volúmenes cúbicos prevalentemente iluminados desde lo alto.
El Center for the History the Arts and the Humanities termina en cambio de una mane-

The museum is the first exponent of this philosophy, extending along the ridge in a succession of courtyards and cubic volumes, for the most part lit from above.
In contrast, the Center for the Arts and Humanities is resolved in a more monolithic

ra más monolítica, en la precisa circularidad de su volumen, la imagen visual de las tijeras de la directriz de la planta.

Otra circunferencia –su uso es muy frecuente en las obras de Meier de finales de los años ochenta– casi el negativo de un positivo, aparece en la estructura situada en el centro de la planta en U del museo.

En una decidida axialidad monumental, se distribuyen entre los dos cuerpos la organización del jardín descendiente –una especie de Bóboli californiano– que se prolonga hasta invadir el teatro al aire libre.

La complejidad y amplitud del conjunto nos recuerdan el clasicismo de una basílica romana, que encuentra en la parte oriental y en el museo, un movimiento progresivo en conexión tentacular con la brillantez y la absoluta espacialidad del Centro de las Artes.

fashion, in the precise circularity of its volume and the visual scissoring of the lines of direction on the plan.

Another circumference –a frequent resource in the projects of the late eighties– that is almost the negative image of the previous circularity is apparent in the structure placed at the centre of the museum's U-shaped plan. Extending between the two volumes, with its organization manifesting a resolutely monumental axiality, the terraced garden –a sort of Californian Bóboli– connects with the open-air theatre.

The complexity and vast scale of the intervention evoke the classicism of the Roman basilicas, with the eastern part of the complex and the museum manifesting an increasing disturbance in the tentacle-like relationships with the stellar and spatially absolute Center for the Arts.

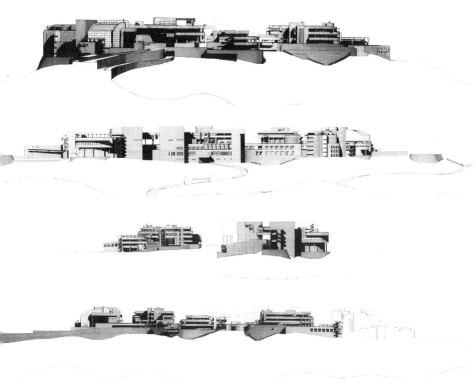

Fachadas norte, este, sur y oeste

North, east, south and west facades

1986 Reestructuración del área de la Bicocca, Milán. Concurso

Meier participa en el concurso de reestructuración del área de la Bicocca con una cierta libertad, dada la ausencia de un programa específico; su proyecto de renovación urbana total delimita, mediante los edificios lineales, un área arquitectónica privilegiada que encierra en su interior una variedad compositiva diferenciada. De lo existente no queda casi nada: sólo las estructuras principales, que garantizan un mínimo de flexibilidad con el exterior.

Las imágenes de las ciudades ideales parecen descender sobre Milán: tal y como se expresa románticamente en la perspectiva del concurso al quedar el humo voluptuosamente perezoso de una chimenea de la antigua Pirelli, recuerdo de una civilización industrial ya desaparecida.

En síntesis, la propuesta del conjunto es un modelo de desarrollo urbano capaz de ofrecer, además de los habituales espacios museísticos, salas de exposiciones, oficinas y también lugares de trabajo agradables y confortables.

Los edificios telón de fondo situados en los lados del rectángulo se destinan a albergar los laboratorios: una malla de 7,5 m organiza el espacio interior, en el que destacan los edificios administrativos y de servicio.

Los edificios a *shed* siguen albergando oficinas, mientras al oeste una cortina de verde separa los ambientes de trabajo de los residenciales; también está previsto una conexión con el sistema de autopistas situado al sur, al final de un eje que atraviesa el área de los edificios guía. Este esquema puede ser eventualmente prolongado hacia el norte cuando la fábrica Pirelli de cables ya no sea operativa.

1986 Restructuring of the Bicocca area, Milan. Competition project

Meier's submission to the competition for the restructuring of the Bicocca area is marked by a certain freedom, given the absence of any specific detail in the brief; his total urban renewal project delimits an architecturally privileged area on the basis of series of linear blocks, while including within these a variety of differentiated compositions. Little of the existing fabric is conserved: only the outstanding structures, which promised to ensure a basic minimum of flexibility with the exterior.

The image of the ideal city seems to be imposed here on Milan, and this is romantically expressed in the general perspective drawing of the project, with the smoke rising from the stack the old Pirelli complex a remembrance of a since vanished industrial culture.

The proposed complex is, in synthesis, a model of effective urban development to the extent that it offers, in addition to the usual museum spaces, exhibition galleries and offices as well as quiet and comfortable workplaces.

The guideline wall-buildings situated on the edges of the rectangular area accommodate the workshops: a 7.5 m grid organizes the internal space, which is differentiated by means of the introduction of administrative and service buildings

The shed buildings are also devoted to office use, while to the west a screen of trees separates the productive sector from the residential spaces; provision has also been made for connection with the motorway system to the south, at the end of an axis that traverses the areas occupied by the guideline buildings. This scheme is capable of being extended to the north once the Pirelli complex was no longer operational.

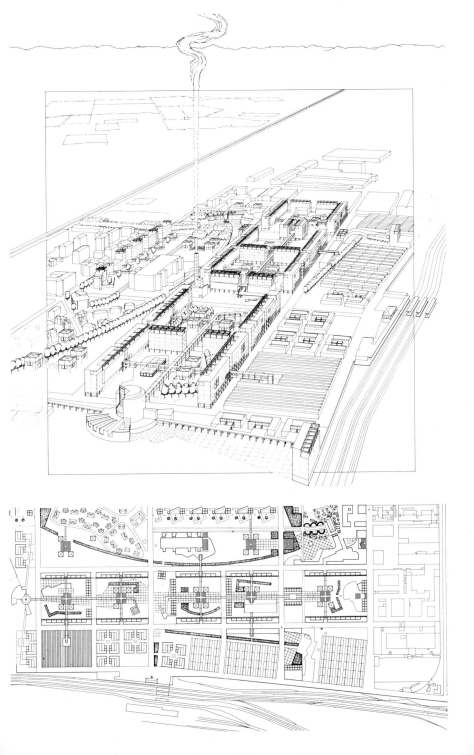

1986-1993   Centro cívico y cultural en Münsterplatz, Ulm

El proyecto para la sala asamblearia de Ulm forma parte de un concurso restringido por invitación destinado a reordenar la plaza situada delante de la catedral y a situar un nuevo edificio que pueda albergar las reuniones asamblearias del ayuntamiento así como espacios para exposiciones.

La solución propuesta utiliza una pantalla de árboles como elemento de conexión entre el volumen de la catedral y la plaza, colocando la doble hilera de sicomoros casi hasta el límite de la parte construida. De este modo insiere con un acto decidido, la circunferencia de la planta en los márgenes de la plaza, intentando abrir visuales dinámicas mediante el volumen circular que huye perspectivamente hacia la fachada de la catedral.

El edificio se afirma como una entidad autónoma que dialoga con el barrio a través de la cubierta; los volúmenes se aligeran hasta hacer que la parte acristalada sea dominante respecto a la maciza, en el contexto de una solución proyectual que se distingue por la movilidad de los puntos de aproximación visual, más que por estrategias arquitectónicas muy elaboradas.

1986-1993   Civic and cultural centre in Münsterplatz, Ulm

The project was drawn up for the limited competition for redesigning the square in front of the cathedral and implanting a new building to house the assemblies of the local government and public exhibition spaces. The solution proposed by Meier makes use of a screen of trees as an element of connection between the volume of the cathedral and the square, carrying the double line of sycamores almost to the edge of the built complex, where it introduces with a decisive gesture the circumference of the plan on the fringe of the square, seeking to open up visual dynamics on the basis of the rotating volume that adopts the lines of perspective of the main facade of the cathedral.

The building asserts itself as an autonomous entity that sets up a dialogue with the surrounding area through its roof; the volumes are lightened to the point where the glazed surface predominates over the blind wall, within an overall design scheme that emphasizes the variety and mobility of the points of visual approach rather than more highly elaborated architectural stratagems.

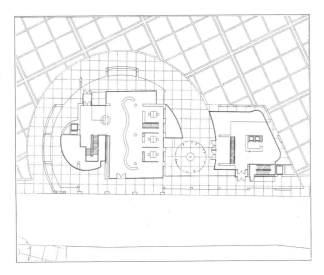

Página anterior
Vistas de la fachada oeste con la catedral al fondo

Previous page:
View of the west facade with the cathedral in the background

Planta baja, fachada lateral y fachada sobre la plaza

Ground floor, side facade and facade on the square

1986-1995 Ayuntamiento y biblioteca central, La Haya

Siempre más "urbano" en los proyectos de los años ochenta, Meier continúa su itinerario por las grandes ciudades europeas. Con el concurso para el ayuntamiento de La Haya vuelven algunos de sus típicos mecanismos de organización de los volúmenes. El área le permite intervenir en planta basándose en dos líneas de fuerza ya existentes, dos líneas rectas con distinto ángulo y destinadas idealmente a encontrarse: una estrategía compositiva que ha sido la base de sus mejores proyectos. Interviene aquí tanto una conexión diversa con lo existente como los notables valores dimensionales del conjunto.

En La Haya se recurre a una situación casi especular: sobre las dos líneas de fuerza antes indicadas, Meier construye dos volúmenes en L contrapuestos, en los que las alas menores constituyen un sistema de remate del conjunto fácil y atractivo ya sea en su confrontación con la situación urbana exterior como con la interior. Cubriendo el espacio comprendido entre los cuerpos alargados obtiene una enorme galería acristalada de gran efecto escenográfico, a la que dan frente los edificios habitados, o mejor, vitalizados por los espacios de uso del edificio. Estas "hoces" tridimensionales giran en las bisagras del ángulo de planta circular, solución urbana extremadamente fluida y dinámica que hace guiños incluso a los volúmenes análogos existentes en el barrio (como el edificio Bijenkorf, situado apenas dos manzanas más al este).

Desprovisto de cualquier concesión expresionista, Meier retorna a sus inicios con este proyecto del ayuntamiento de La Haya. Lo que en Múnich era un desgarrón circular, puramente bidimensional, aquí vuelve a ser parte integrante de lo construido.

La casa en Pound Ridge asoma la cabeza sobre el frente curvo de la entrada principal y el lenguaje protorracionalista se reafirma en la clara explicitación de las funciones. El edificio del ayuntamiento tiene también una entrada inteligentemente monumental, constituida por el elemento circular que forma un atrio-plaza completamente abierto y espacios comunitarios, soleados y animados, situados por Meier en la secuencia más rítmica que jamás haya elaborado.

1986-1993 City hall and central library, The Hague

In the consistently more "urban" vein of his projects from the eighties, Meier continues his advance into the heart of the great European city. With this competition scheme for the city council of The Hague, some of the more familiar resources in the combination of volumes are employed. The area effectively permitted an intervention in plan based on two already existing lines of force; two straight lines running at different angles and ideally destined to intersect –a compositional stratagem found at the base of Meier's finest projects. The scheme is marked by both its different relationship with the existing fabric and its outstanding dimensional values.

In The Hague, Meier resorts to a virtually specular situation, constructing on the two lines of force two counterpoised L-shaped volumes, the shorter wings constituting easy and attractive systems of conclusion in the confrontation with the range of factors in the urban context as well as in the interior. The roofing of the volumes situated between the two elongated buildings creates an enormous glazed gallery with a highly dramatic presence, looked onto by the buildings occupied or rather vitalized by the functional spaces of the city hall. These three-dimensional "sickles" rotate around the hinge of the corner with the circular plan, an extremely fluid and dynamic urban solution that seems to engage with various analogous volumes in the vicinity (such as the Bijenkorf building, only two blocks to the east).

Rigorously excluding any concession to expressionism, Meier's city hall project returns to his primary systems: what in Munich was a purely two-dimensional circular tear is restored here to being an integral part of the built complex.

The Pound Ridge house peeps out from the curving front of the main entrance facade, and the proto-rationalist language is reasserted in the clearly explicit declaration of the functions. The city hall is thus provided with an intelligently monumental entrance, constituted by the circular episode, by the entirely open atrium-plaza and by the sunny, lively communal spaces that Meier situates within the most rhythmic sequence found anywhere in his architecture.

Vista de la galería   View of the gallery

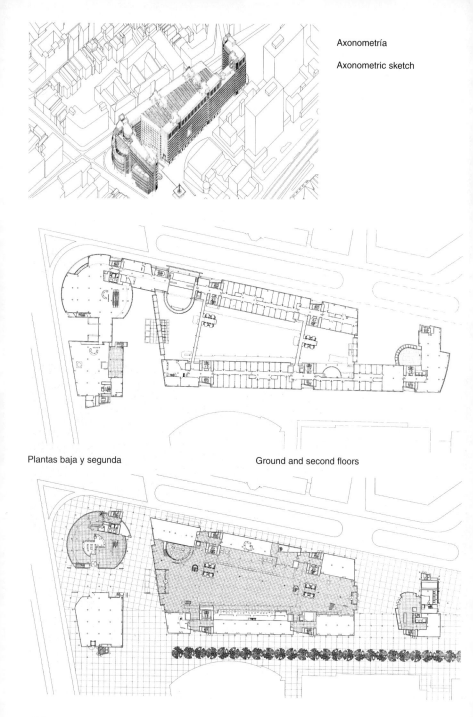

Axonometría

Axonometric sketch

Plantas baja y segunda

Ground and second floors

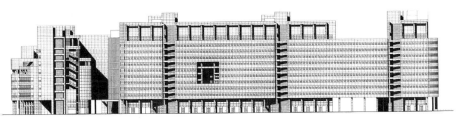

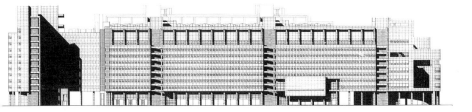

Fachadas hacia Turfmarkt y
Kalvermarkt y vista del interior

Façades to Turfmarkt and
Kalvermarkt and view of the interior

1986 Centro oftalmológico en Oregon Healt Sciences University, Portland (Oregón). Proyecto

El edificio *en longueur* vuelve en este proyecto, embelleciendo con citas "inteligentes" (la pérgola de la villa en Garches, los *brise-soleil* de La Tourette) la composición a partir de la sección áurea de las fachadas. Después del paréntesis europeo, Que todavía no ha concluido, Meier vuelve a citarse a sí mismo. La elaboración plástica de los esquemas racionalistas es el tema de fondo de su arquitectura, en la que demuestra una interminable capacidad interpretativa, dada la firmeza de los instrumentos proyectuales.

La parte de edificio que penetra en el volumen del garaje muestra una pizca de surrealismo; el programa es aquí fácilmente intuible. Concebido como una entrada al *campus*, el edificio del Centro oftalmológico es una especie de puente construido aprovechando la pendiente del terreno, y enfatiza de esta manera la estructura-arco bajo la cual se transita para acceder a la universidad.

Organizando verticalmente las funciones (el público en la planta baja, los espacios privados y las salas laboratorio en la parte superior), el Centro oftalmológico se convierte en una especie de súper-residencia que transforma las estructuras hospitalarias en situaciones espaciales ennoblecidas por el uso inteligente de la memoria, según una antigua costumbre de Meier. Los cuerpos principales están constituidos por el semisótano (destinado a un aparcamiento con más de 300 plazas), el hospital propiamente dicho (que culmina con el volumen circular, perfectamente integrado, de las salas de operaciones) y por el cuerpo de conexión.

1986 Ophthalmology centre for the Oregon Health Sciences University, Portland (Oregon). Project

The building *en longueur* reappears here, embellishing with "intelligent" allusions (to the pergola of the villa in Garches, to the *brise-soleil* of La Tourette) the composition, based on the golden section of the facades. Following the previous period in Europe, to which he was soon to return, Meier is here once again quoting himself: the sculptural elaboration of rationalist layouts is the underlying theme of his architecture, in which he demonstrates an inexhaustible capacity for interpretation on the basis of the constancy of his design instruments.

A touch of surrealism is provided by the part of the building that penetrates the volume of the car park: the programme is in effect clearly recognizable here. Conceived as the entrance to the campus, the ophthalmology centre takes the form of a bridge, its construction exploiting the slopes of the site and at the same time emphasizing the arch structure beneath which access to the university is channelled.

Organizing the different functions vertically (with the public uses on the lowest level and the private spaces and operating theatres above), the Eye Center constitutes a kind of super-house, transforming the hospital structures into spatial situations ennobled by the intelligent play of memory, on the basis of an established Meierian practice. The main elements here are the semi-basement volume (accommodating a car park for 300 vehicles), the hospital itself (culminating in the perfectly integrated circular volume of the operating theatres) and the connecting building.

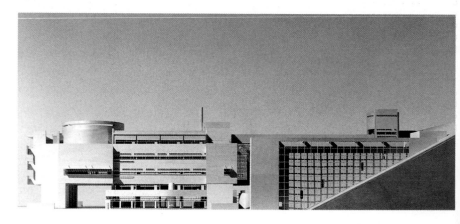

Página anterior:
En la fotografía puede apreciarse el arco de entrada al *campus* situado bajo el cuerpo de las salas de operaciones y, a la derecha, el volumen del garaje

Previous page:
The photograph shows the entrance arch to the campus beneath the volume of the operating theatres, and the car park to the right

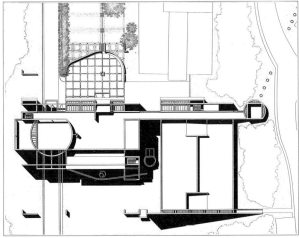

Planta volumétrica

Volumetric plan

147

1986   Casa Rachofsky I, Dallas (Texas).
Proyecto

Líneas rectas, paralelismo, ortogonalidad; la casa Rachofsky organiza sus espacios con sentido unidireccional siguiendo el desarrollo de un pequeño lago cercano. En planta, la conexión entre recta y circunferencia, o sea entre paralelepípedo y cilindro, es como siempre dialéctico y desenvuelto; sus volúmenes se proponen como continuidad de la composición y como elemento terminal de esta "situación lineal"; en cualquier caso concluido con la contraposición compensada de las escaleras.

El resultado es de una solemnidad no monumental. El centro lo constituye el volumen circular de la sala de estar, que permite, en la plataforma recortada en su interior como un *collage* del mismo Meier, el orientarse hacia el centro de Dallas. Esta plataforma, que delimita el área privilegiada de la casa, está realizada con un podio de granito.

El edificio, que dispone de una estrecha piscina rectangular, limita con un jardín de plantas seculares.

1986   Rachofsky house I, Dallas (Texas).
Project

Straight lines, parallelisms, orthogonal regularity: the Rachofsky house organizes its spaces in a unidirectional sequence following the course of a small lake nearby. In the plan, the relationships between straight line and circumference −or between cuboid and cylinder− is typically dialectic and unforced; the volumes are proposed either as the continuity of the composition or as the terminal elements of this "linear situation", concluding in both cases in the balanced counterpoint of the stairs.

The result has an un-monumental solemnity. The fulcrum is provided by the circular volume of the living room; this has a platform cut into it, like a collage by Meier, enabling it to look towards the centre of Dallas. This platform, which delimits the privileged area of the house, is constituted by a granite podium.

The building, with its long rectangular swimming pool, is flanked by a garden of indigenous vegetation.

Planta volumétrica

Volumetric plan

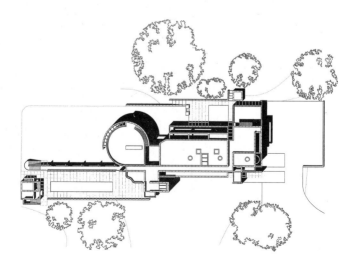

Dos vistas de la maqueta   Two views of the model

1987 Hotel en la playa de Santa Mónica (California). Concurso

Los volúmenes de este hotel "inteligente", esparcidos en una especie de plataforma elevada, constreñidos entre el frente de colinas y el océano, constituyen las distintas almas desagregadas de la estructura "hotel": el restaurante, la zona de noche, las estructuras de servicio. El proyecto quiere verificar en dimensiones reducidas aquello que se intenta a una escala mucho mayor en las colinas más altas con el Centro Getty: es decir, si la sobreposición en planta de diversas mallas puede generar desorden en alzado.
El desorden y la escualidez del aparcamiento se relegan a la gran plataforma elevada, que permite disfrutar de una vasta vista panorámica. La claridad de la implantación resulta evidente y la variedad de soluciones no tiene contraindicaciones. Un edificio existente, la casa Marion Davis, queda relegado a los márgenes del solar, un solar en el que la verticalidad de las palmeras –muy bien situadas en la maqueta–, en contraposición a la horizontalidad de los edificios, asume una verdadera connotación arquitectónica, en línea con la mejor tradición de Los Ángeles.

1987 Hotel on the beach at Santa Monica (California). Competition project

The volumes of this "intelligent" hotel, laid out over a kind of narrow raised platform running between the hills and the ocean, accommodate the various detached settings of the "hotel" structure: the restaurant, the night-life amenities, the service structures. The project seeks to validate in its reduced dimensions the experiment conducted on the grand scale with the Getty Center, on its higher hills: does the overlaying of different grids on the plan generate disorder in the elevations.
Confining the disorder and squalor of the car park within the great raised platform, which at the same time ensures panoramic views of the landscape, the clarity of the layout is perfectly apparent, and the variety of the design approach in no way contradicts this. An existing building, the Marion Davis house, is relegated to the edge of the plot; a site on which the verticality of the palm trees –by no means fortuitously present in the model– acquires a genuinely architectural significance in counterpoint to the horizontality of the buildings, in keeping with the best Los Angeles tradition.

Planta de la organización
geométrica de la planta baja

Plan of the geometrical
layout of the ground floor

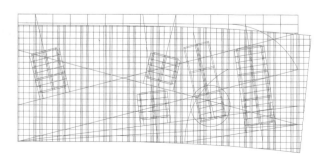

La maqueta vista desde el mar y planta volumétrica con las curvas del nivel de las colinas

View of the model from the sea and volumetric plan showing the contours of the hills

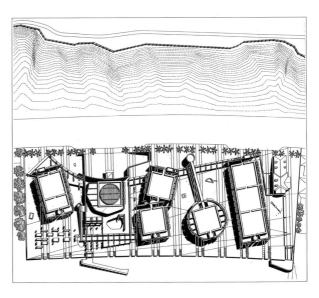

1987 Torres en Madison Square, Nueva York. Concurso

El concurso para la reestructuración del área en la que actualmente se levanta el Madison Square Garden nos permite ver a Meier afrontando insólitamente el proyecto vertical (los precedentes son pocos y no publicados) y enfrentarse de forma contundente con la rígida trama de Manhattan. Esta trama ha alcanzado, en lo proyectual en los últimos años, niveles de increíble mediocridad: desde los gestos iterativos de Johnson en Times Square a las estructuras altas a la Polshek insertas en los volúmenes disponibles, hechas de atrios y de últimas plantas de un anónimo pastiche de decorativismo y de estructuralismo poco atractivo.

Todo el proyecto –de una forma no sumisa con el entorno– surge sobre una plataforma-podio en la que se insertan, según la mejor tradición neoyorquina, los espacios comerciales que las bases del concurso prevén hasta un total de 400.000 m², casi todos ellos destinados a oficinas.

El propósito evidente es el de crear un sistema en el interior de otro: operación que en Nueva York se consigue siempre que el corazón de los diversos ganglios esté inmerso, o sea contiguo, al flujo de la muchedumbre que en general envuelve el espacio público y las plazas interiores. Los altillos y la planta baja de los rascacielos viven como si fuesen sistemas autónomos, pero siempre en simbiosis con los flujos urbanos más increíbles. En este centro sin "centro" de Meier las contraposiciones formales de las geometrías de planta apuntan a visuales que huyen y dinámicas en alzado, y a una monumentalidad "resultante" allí donde estas figuras (círculo, cuadrado rectángulo) crean una especie de plaza centrípeta para disfrutarla –al estilo neoyorquino– caminando.

Estos magníficos rascacielos están pensados en toda su extensión: ningún vacío proyectual interviene entre la planta del suelo y la cima, donde el paisaje construido cambia frecuentemente. El juego de los planos girados es llevado a lo alto a través de una especie de proyectación por estratos horizontales que niega la estructura en obelisco aprovechando memorias constructivistas, del Le Corbusier de Argelia y del Lescaze de Philadelphia.

Es notable la fachada oeste, en la que la circularidad de la planta puede convertirse en un cilindro y desarrollarse totalmente en altura sin interferir los cuerpos intermedios, como puede comprobarse en la fachada este; aquí

1987 Towers on Madison Square, New York. Competition project

The competition for the restructuring of the area occupied by Madison Square Garden brought Meier into an unaccustomed engagement with vertical development (the precedents are few and unpublished) and unmediated confrontation with the rigid Manhattan grid. The level of architectural design within this urban grid has been characterized in recent years by episodes of incredible mediocrity, lurching between Johnson's repetitive gestures in Times Square and high-rise structures à la Polshek inserted into the available volumes, composed of atriums and penthouses in a faceless pastiche of decorativism and a less than inspiring structuralism.

The entire project is erected –in a polemical and far from submissive engagement with its surroundings– on top of a platform-podium into which, in keeping with the best New York tradition, the commercial spaces are inserted; the competition brief called for a total area of 400,000 m², to be devoted almost entirely to offices.

The manifest preoccupation here is the creation of a system inside a system: an operation that is usually carried out in New York when the nexus of various arteries is surrounded by or contiguous with the flows of human movement, such as here permeate the public space and the interior courtyards; the mezzanines and ground floor of the skyscrapers function as autonomous systems that are nevertheless in constant symbiosis with urban flows of an incredible density. In this centre without a "centre", Meier's formal counterpointing of the geometries of the plan gives rise to vanishing perspectives and dynamic elevations, in a "resulting" monumentality that is manifested where these figures (circle, square and rectangle) create a kind of centripetal plaza to be enjoyed –in typical New York fashion– by walking across. These magnificent skyscrapers have been thought through in all of their development: no void appears between street level and summit, where the built landscape so frequently changes. The play of the rotated plans is carried upwards by the horizontally stratified nature of the design scheme that repudiates the obelisk structure in favour of constructivist memories of Le Corbusier's work in Algeria and Lescaze's in Philadelphia. The west facade is of particular note, with the circularity of the plan evolving into a cylinder that develops vertically, without that

Vista de la maqueta

View of the model

el más bajo de los tres cuerpos edificados resulta poco convincente en su dimensión "media"; aún no rascacielos, pero tampoco edificio bajo, a pesar de que pueden intuirse otras funciones de recuperación volumétrica o de defensa en la confrontación con lo existente.

interference of intermediary volumes that manifests itself on the east facade. Here the lowest of the three volumes seems unconvincing in its "median" character, neither skyscraper nor low-rise, although it appears to suggest other functions capable of recovering the volumetry or of screening out elements of the surrounding fabric.

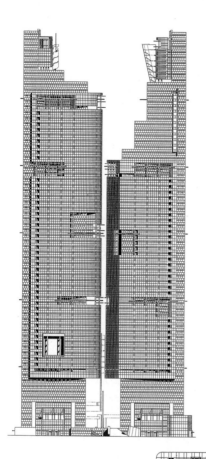

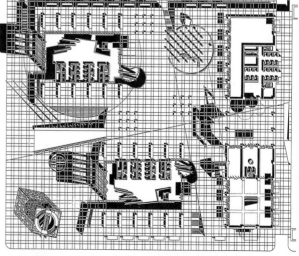

Arriba: Fachada oeste
Debajo: Planta al nivel de la
Plaza

Above: West facade
Below: Volumetric plan of the
Plaza level

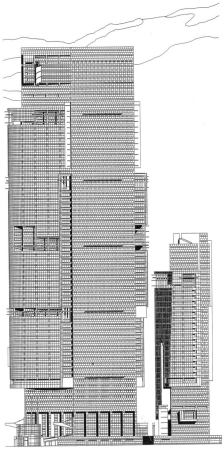

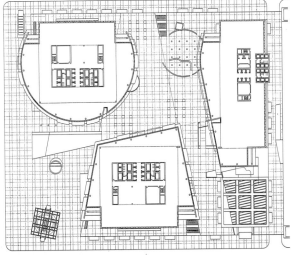

Arriba: Fachada sur
Debajo: Planta tipo

Above: South facade
Below: Typical floor plan

1987-1992 Centro de reunión Weishaupt, Schwendi (alrededores de Ulm)

Con el proyecto para el complejo de Schwendi, Alemania se encamina a albergar la mayor cantidad de arquitectura europea construida por Richard Meier. El tema ya es habitual: se trata de un pequeño museo, de algunos servicios y del centro de adiestramiento de una industria de calderas en un área situada en el magnífico paisaje bavarés. Como acostumbra en estos años, Meier experimenta y estudia, dentro de la bien indagada planimetría en L, las relaciones entre ángulo recto y circunferencia. El proyecto se articula en dos cuerpos unidos por un paso cubierto, de notable corporeidad tridimensional, capaz de crear una zona privada con un patio, al que se encaran los distintos edificios. El primer volumen alberga el auditorio de 50 plazas, un área de exposición de los productos de la fábrica y una pequeña galería de exposiciones de obras de los maestros del siglo XX. El comedor, los espacios de trabajo y de adiestramiento del personal se alojan en el segundo edificio; en el interior del doble volumen circular se colocan también la entrada principal y la cafetería.

La riqueza del proyecto reside en su minimalismo ideológico: resulta en suma un casi habitual ejercicio de elegancia funcional en el interior de una sólida experiencia compositiva tradicionalmente moderna.

1987-1992 Weishaupt Forum, Schwendi (near Ulm)

With the project for the Schwendi complex, Germany became the European country in which Richard Meier has constructed most. The theme here is a familiar one; a small museum, with services and training centre for a boiler manufacturer, on a plot situated in the magnigificent Bavarian countryside. As in most of the work from these years, Meier is concerned to experiment with and study, within the well researched L-shaped plan, the relationships between right angle and circumference. The project is articulated in two volumes connected by a covered passageway of considerable three-dimensional corporeity, which serves to create a private courtyard area overlooked by the built volumes. The first of these volumes accommodates a 50-seat auditorium, an exhibition area for displaying the factory's products and a small gallery housing works by leading 20th-century artists. The dining room and the work and staff training spaces are situated in the second volume. Alongside these, inside the double-height circular volume, are the main entrance and the cafeteria.

The richness of the project lies in its ideological minimalism, the evident result of an almost habitual exercise in functional elegance backed up by solid experience in traditionally modern composition.

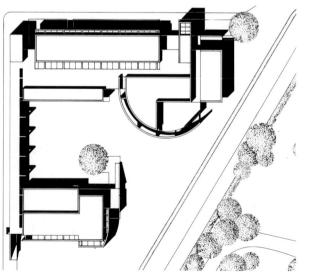

Planta volumétrica

Volumetric plan of the building

Página siguiente
Arriba: El ala reservada al auditorio y a las salas de exposición
Debajo: Pequeño patio entre los edificios de la fábrica

Facing page:
The wing containing the auditorium and exhibition areas
Below: The small courtyard between the factory volumes

Arriba: El pequeño museo visto
desde el patio. Debajo: el
comedor en el cuerpo cilíndrico

Above: The small museum seen from
the courtyard. Below: The dining
room in the cylindrical volume

Detalle del cuerpo cilíndrico

A detail of the cylindrical volume

1987-1992 Sede central de KNP, Hilversum (Holanda)

El proyecto para la sede de la Real Fábrica de Papel Holandesa se implanta sobre una axialidad rigurosa, enriquecido en sus espacios interiores por un sistema de recorridos coincidentes con el de la luz.

Un cuerpo cúbico, de cuatro plantas de altura, alberga el comedor y las zonas de descanso, algunas asomadas al hueco de doble altura del atrio, otras dando frente a la cubierta con terrados privados. Un cuerpo alargado, apoyado sobre pilotis y sobre los volúmenes que acogen los núcleos verticales de comunicación, alberga las dos plantas de las oficinas; aquí la secuencia de los espacios de trabajo, a menudo monótona, está enriquecida y revitalizada por dobles corredores, puentes de acceso a las oficinas y por el doble lucernario que se prolonga por todo el edificio reafirmando el principio según el cual lo construido es mediación y filtro de la luz natural así como guía natural, instintiva, de la movilidad interior.

1987-1992 Head offices for KNP, Hilversum (Holland)

The project for the Netherlands Royal Paper Manufactory headquarters is laid out in terms of rigorous axiality, with the interior enriched by circulation systems that coincide with the system of lighting.

A four-storey cubic volume accommodates the staff refectory and the special resting areas, some of them oriented towards the double-height void of the atrium, others looking onto the roof, provided with a private terrace. An elongated building supported on *pilotis* and the corresponding vertical circulation volumes accommodates the two floors of offices; here the surprisingly monotonous sequence of work spaces is enriched and invigorated by the double corridors, the access bridges serving the offices and the double roof light that runs the whole length of the building, reaffirming the architectural principle that the built fabric is effectively mediated and filtered by the daylight, as well as this constituting the natural and instinctive guide for internal movement.

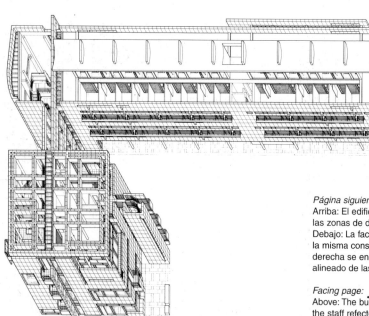

Página siguiente:
Arriba: El edificio reservado a las zonas de descanso
Debajo: La fachada interior de la misma construcción. A la derecha se encuentra el cuerpo alineado de las oficinas

Facing page:
Above: The building containing the staff refectory
Below: The interior facade of the same building. On the right is the linear volume occupied by the offices

Axonometría   Axonometric sketch

Izquierda: El cuerpo de escaleras exterior del edificio cúbico
Debajo: Fachada del cuerpo alineado

Left: The stair-well volume on the exterior of the cubic building
Below: The facade of the linear volume

Página siguiente:
La galería de doble altura del edificio de oficinas con el pequeño espacio de recepción

Facing page:
The double-height gallery of the office building, with the small reception area at the end

1987-1995 Museo de Arte Contemporáneo, Barcelona

La complejidad de las remembranzas es evidente en el compacto edificio de Barcelona, donde la puesta a punto del equilibrio compositivo de los alzados parece apuntar a una forma de privacidad, interior del museo, por otra parte fluidísimo en planta. El purismo de Le Corbusier que se funde aquí son fragmentos de imágenes ideológicamente próximas a Hedjuk (el muro), y la relación en planta entre línea recta y circunferencia se solidifica en el alzado de manera muy coherente.

El dinamismo estático de Meier en los últimos años nace de un continuo yuxtaponerse y medirse con las fuerzas centrípetas generadas por el cilindro; fuerzas que se distribuyen en el seno de una malla "inquieta", atravesada e interseccionada por elementos con angulaciones diversas, determinadas por la lectura de las generatrices urbanas. Es una estrategia que todavía funciona.

El museo, como otros proyectos de este período, pone de manifiesto en la planta el sistema de coordenadas sobre las que se ha establecido, sistema que deriva de la situación urbana general y de la estratificación "ideológica" que interviene en las premisas tomadas como punto de partida, una vez que éstas han sido definidas. Se confirma así el principio de "singularidad de la villa urbana" del espacio público construido en el caso de gran complejidad de un tejido urbano como es el de la Casa de la Caritat, área en la que se emplaza el museo.

1987-1995 Museum of Contemporary Art, Barcelona

The complexity of memory is manifested in this compact building in Barcelona, where the resolution of the compositional balance of the elevations seems to point in the direction of a form of privacy wholly in the interior of the cultural complex, which is at the same time highly fluid in plan. A Le Corbusierian purism combines here with fragments of images that are ideologically closer to Hejduk (the wall), and the relationship in the plan between straight line and circumference is very coherently materialized in the elevation.

The static dynamism of Meier's recent architecture emerges from a continual juxtaposition and measurement with the centripetal forces generated by the cylinder; forces that are mediated in the interior of an "uneasy" grid, traversed or intersected by elements set at diverse angles determined by the reading of the lines generating the urban fabric. This is a stratagem that contines to function effectively.

The museum, in common with other projects from the same period, clearly reveals in plan the system of coordinates on which it is laid out; a system that derives from the overall urban situation and the "ideological" stratification brought to bear on the basic project decisions once these have been defined. The scheme thus reaffirms the principle of "singularity of the urban villa" applied to the built public space in the case of a highly complex urban fabric, as here in the vicinity of the historic Casa de la Caritat.

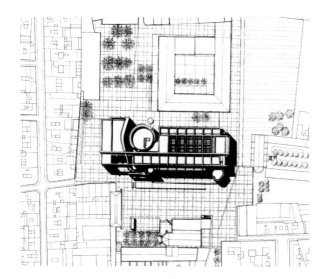

Plano de situación

Volumetric plan

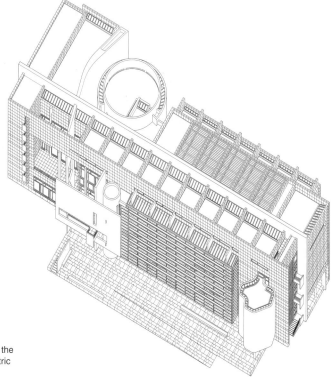

Fachada principal y
axonometría

The main facade, seen on the
model and in an axonometric
sketch

165

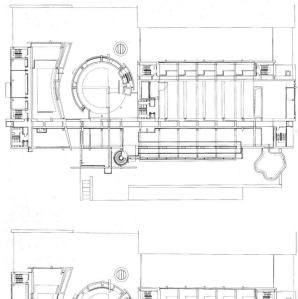

Plantas baja, primera y segunda

Ground, first and second floors

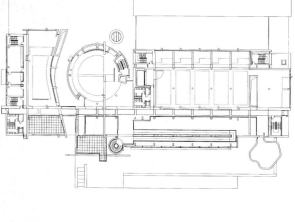

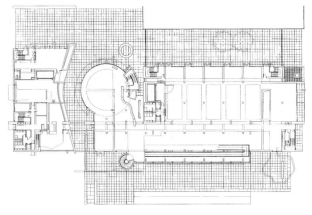

Detalle del acceso principal   Detail of main entrance

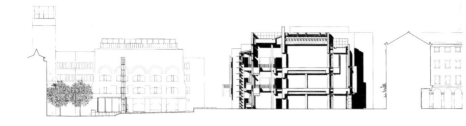

Sección transversal y vistas del interior

Transverse section and views of the interior

**1988   Centro de Graduados y de
Admisión, Universidad de Cornell, Ithaca
(Nueva York).** Proyecto

Utilizando los desniveles naturales y las orillas contrapuestas que delimitan un lago, el
proyecto para la Universidad de Cornell está
formado por dos cuerpos de la misma altura
(cuatro plantas) que aprovechan la orografía
del lugar y hacen del puente interior y de las
conexiones verticales con la lámina de agua
en su base, elementos que adquieren un
fuerte carácter, en sentido ambiental y, consi-
guientemente, arquitectónico.
El primer edificio, situado cerca del vial principal, está destinado a albergar las dependen-
cias administrativas de admisión, las salas
para los seminarios, la cafetería, además de
un gran *hall* para las ceremonias oficiales; utiliza también una serie de equipamientos
complementarios sobre las cascadas (paseo
escalonado, una *boat house*, la misma pasa-

**1988   Students' and Admissions Center,
Cornell University, Ithaca (N.Y.).**
Project

Exploiting the natural contours and the two
opposing shores of a lake, the project for
Cornell University is composed of two
buildings of the same height (four floors) that
benefit from the topography of the site and
make the internal bridge and the vertical
communications with the sheet of water
below the characteristic elements that
powerfully condition the environmental and
thus the architectural, values.
The first building, situated close to the main
road, accommodates the administrative
offices, the seminar rooms and the cafeteria,
as well as a large hall for ceremonial
occasions; it also utilizes a series of
complementary facilities around the waterfalls
(stepped walkways, a boat house, the
footbridge itself) that effectively underline the

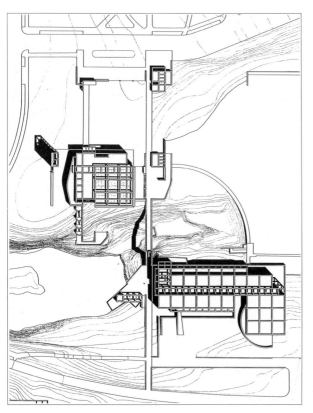

*Planta volumétrica. Los dos edi-
ficios parten de un módulo idén-
tico de 7,5 metros*

Volumetric plan. The two
buildings are laid out on a
uniform 7.5 m modular grid

Página siguiente:
Dos edificios situados en un
emplazamiento extraordinario,
en las laderas opuestas de un
cañón y de una cascada

Facing page:
Two buildings on an exceptional
site, on opposite banks of a
gorge with a waterfall

rela puente) que subrayan el papel de propileo de la composición. Tal y como se confirma desde la misma torre-insignia, perno visual de la vialidad de todo el campus; allí donde este proyecto-muelle termina con el volumen, para nada secundario, de las oficinas de la administración.

propylaeum-like nature of the composition. This is confirmed by the emblematic tower, the visual pivot of the campus' entire circulation system, and the project-dam concludes with the by no means secondary volume of the administrative offices.

1988-1992   Sede central de Canal Plus, París

El cuartel general de la emisora de televisión Canal Plus está situado en la orilla izquierda del Sena; desde este punto, la fachada principal del cuerpo en L, llegando casi a reflejarse en la lámina de agua del río, se ofrece al panorama como un elegante diafragma transparente cuya incorporeidad es evidente en la elegante curva terminal.

Este edificio-placa, con el gran "vacío" enmarcado por la solución en ángulo (en la que una delgada columna exalta y aligera toda la composición), alberga las sedes administrativas; los espacios operativos, los estudios de filmación, se sitúan en el cuerpo más bajo y compacto en la lateral calle de Cevennes, rematados en su cubierta con un elemento-signo, casi resto mnemónico del Mundaneum.

Mediante el "gesto" del ángulo el edificio dialoga a distancia con el otro París, y se convierte en polo urbano eliminando con decisión los elementos del léxico más habitual de la monumentalidad. Los instrumentos para llevar a cabo esta operación son prevalentemente la capacidad de posesionarse del solar –a pesar de los vínculos muy restrictivos– y crearse un equilibrio compositivo hecho a partir de las variaciones tonales de la luz.

Se ancla al este a un edificio existente y envuelve con elementos-lastra la cubicación no indiferente (tres estudios de cuatro plantas de altura) de los ambientes de filmación, subrayando y creando un área interna muy precisa. Con elegancia se insiere en el espacio, destacando los elementos horizontales (las lastras-rostro emergentes de los balcones) y haciendo sobresalir en vertical las líneas de fuerza generadoras del proyecto, convertidas, como siempre, en tridimensionales.

La estructura se explicita al máximo; esta disponibilidad a la transparencia, así como la pericia en el cambio de escala, son el secreto de la feliz implantación en un área que no es de las mejores de París.

1988-1992   Head offices for Canal Plus, Paris

The Paris headquarters of the Canal Plus television company stands on the left bank of the Seine; at this point the main facade of the L-shaped building, almost reflected in the river, presents itself to the city as an elegant transparent diaphragm, its incorporeality manifested in the sophisticated curve with which it terminates.

This panel-like building, with the great framed "void" of the treatment of the corner (where a slender column exalts and lightens the composition as a whole), accommodates the administrative offices; the operational spaces of the television studios are situated in the lower and more compact volume on the lateral rue des Cévennes, concluding on the roof with an emblematic sign that is virtually a recollection of the Mundaneum.

By means of the "gesture" of the corner, the complex engages in a distanced dialogue with the other Paris, offering itself as a pole of urban attraction, resolutely eliminating the most habitually monumental lexical elements. The instruments of this operation are primarily the capacity of the project to establish its occupation of the plot –in spite of extremely restrictive links– and to create a compositional balance on the basis of the tonal variations of the light.

The complex is thus anchored to an existing building to the east and envelops with its panel-like elements the differentiated volume (with three studios on its four floors) of the television production zones, effectively creating and emphasizing a very precise internal area. The complex inserts itself into the available space with great elegance, on the basis of the underlining of the horizontal elements (the projecting facing panels of the balconies) and the emergence on the vertical of the lines of force which generate the design, expressed as always in three dimensions.

The structure is made explicitly apparent, and this great commitment to transparency, together with the skilful transitions of scale, provides the key to the successful integration of the complex into a setting that is not one of the most captivating parts of Paris.

Un extremo del edificio-pantalla que alberga las oficinas administrativas

One side of the panel-like building containing the administrative offices

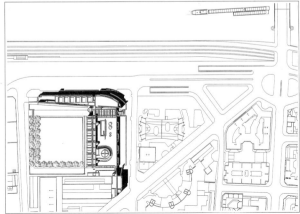

Planta volumétrica

Volumetric plan

El gran atrio de entrada

The great entrance atrium

Axonometría

Axonometric sketch

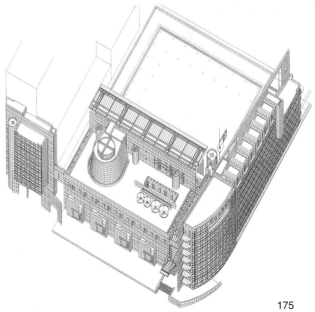

Página anterior:
Arriba: Vista nocturna de la
fachada que da al Sena
Debajo: Fachada interior del
cuerpo que alberga los estudios
de televisión

Previous page:
Above: The facade overlooking
the Seine at night
Below: The interior facade of the
volume housing the television
studios

1988 Plan para el Edinburg Park, Edimburgo

El Maybury Business Technology Park, concebido como parque científico capaz de ofrecer un área terciaria totalmente equipada (cerca de 40.000 m² de oficinas), es un laboratorio de proyectación integrada. Son aspectos especialmente destacados: la atención prestada al desarrollo de la realización en distintas fases, distribuidas a lo largo de varios años, la facilidad de los recorridos de distinto tipo y, obviamente, la integración visual general, incluidas las zonas verdes de nueva creación.

Una vez determinados los sistemas de distribución energética y las infraestructuras internas, interviene la arquitectura para constituir en tres etapas el Business Village, el Park Center y el Science Park, mediante una variedad de edificios y de tipologías que se repiten por grupos a lo largo de la sinuosidad ondulada del área, recluida entre la estación ferroviaria, la autopista y la vasta área del futuro centro comercial.

Esta es una tranquila ciudad funcional hiperequipada, mostrada a la vecina Edimburgo desde la torre símbolo que, como los edificios-propileo, es uno de los puntos cardinales visuales del complejo; su revestimiento, ya previsto, será en piedra gris y paneles metálicos.

Se trata pues de un plan muy pormenorizado, muy preciso, capaz de preconstituir las características de fondo de la intervención según los deseos del promotor y del constructor, pero elástico en cuanto basta para vehicular en un ámbito tolerable las eventuales y previsibles variaciones de los diversos sectores operativos.

1988 General plan for Edinburgh Park, Edinburgh

The Maybury Business Technology Park, conceived to provide a fully equipped advanced tertiary services facility with some 40,000 m² of offices, is a laboratory for integral design. Great attention is devoted here to construction in successive phases, spread over a number of years, to permeability of all kinds and, obviously, the general visual integration, including the newly landscaped areas.

Having outlined the systems of energy distribution and the internal infrastructures, the architectural project intervenes to create in three time-scales the Business Village, the Park Centre and the Science Park by means of a variety of buildings and typologies that are repeated in groups along the undulating course of the site, bounded by the railway station, the motorway and the great expanse of the future shopping centre.

This is a quiet technology park with a very high level of infrastructure, which signals its presence to the nearby city of Edinburgh by means of the emblematic tower that, like the propylaeum buildings, is visually one of the focal points of the complex; the tower is finished with a cladding of grey stone and metal panels.

This is in effect a highly precise general plan, establishing as it does the underlying characteristics of the intervention on the basis of the brief drawn up by the client and the developer, yet at the same time flexible enough to link together in an attractive setting the foreseeable eventual variations required by the different industrial sectors.

Página siguiente:
Maqueta y plano volumétrico de ubicación

Facing page:
Model and volumetric plan of the scheme

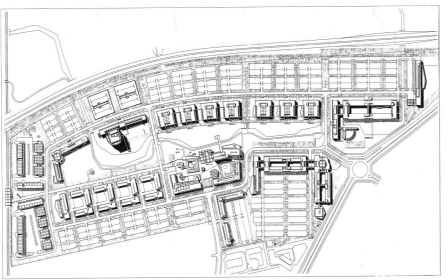

177

1989-1993   Centro de investigación Daimler-Benz, Ulm

El proyecto para las oficinas y los laboratorios de la Daimler-Benz puede definir un compendio del microcosmos meieriano. A pesar de surgir en medio del campo, el complejo está organizado de una manera muy "urbana" en el seno de un solar muy regular en el que la leve pendiente del terreno permite el soterrado parcial de algunos espacios, como son los más operativos de las oficinas, o la misma calle de acceso.

La distinción funcional es explícita y contribuye a constituir una implantación extraurbana propiamente dicha. El cuerpo principal más largo delimita una especie de vial privado peatonalizado a lo largo del que se sitúan los volúmenes de las oficinas para la administración, así como la cafetería; casi episodios de "recuerdo" mnemónico de situaciones visuales más comprometidas y complejas que las que se encuentran en el magnífico paisaje que circunda Ulm.

1989-1993   Daimler-Benz research centre, Ulm

The project for the Daimler-Benz offices and laboratories effectively defines a summary of the Meierian microcosm. Situated as it is in open countryside, the complex is organized in a highly "urban" way in the interior of a regular plot on which the slight slope of the terrain suggested the partially underground development of certain spaces, such as the more basic-level office activities and the access road.

The functional distinction is thus made explicit, and seeks to constitute a genuinely extra-urban layout. The more elongated main volume delimits a kind of private pedestrian avenue, along which the buildings occupied by administrative offices and cafeteria are accommodated; these are in effect episodes of mnemonic "recall" of more complex and committed visual situations found in the magnificent landscape around Ulm.

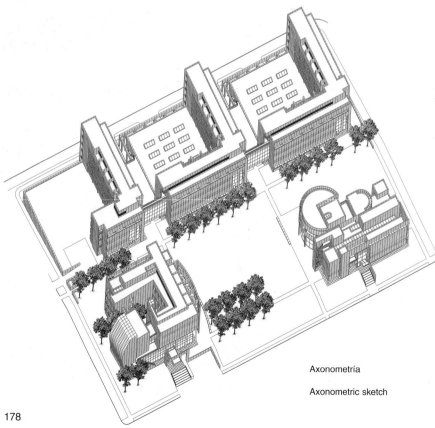

Axonometría

Axonometric sketch

1989 Edificio de oficinas en Frankfurt.
Proyecto

Este edificio de oficinas para la Harald
Quandt, con catorce plantas de altura y
revestido con paneles de plancha esmaltada
en el seno de la mejor tradición de Meier, es
una especie de torre rotante o de compacta espiral
terminada con una completa movilidad visiva.
El proyecto confirma la familiaridad de Meier
con los proyectos de edificios de desarrollo
vertical: las fachadas lo revelan reforzando el
interés por estructuras que no agoten en la
excepcionalidad dimensional su propia manera de ser, y que consigan estar, de algún
modo, relacionadas con el entorno.
La calidad escultórica de la antena parece en
este caso añadir a la composición en su conjunto aquella verticalidad, o aquel número de
plantas que hubiese necesitado de más el
edificio para no quedarse bloqueado en aquella dimensión de mediano que el proyecto
afronta y aprovecha, enfatizando plenamente
el papel urbano de lo construido, sea cual
fuere su dimensión.

**1989 Office building in Frankfurt-am-
Main.** Project

Fourteen storeys high, with a cladding of
enamelled panels, in line with the best
Meierian tradition, this office building for the
Harald Quandt company takes the form of a
rotated tower or compact spiral endowed with
complete visual mobility.
The project confirms Meier's familiarity with
vertical design: this is revealed by the
facades, emphasizing the concern with
structures that do not subsume all their
essence in their exceptional dimensionality,
while effectively establishing a relationship
with their surroundings.
The sculptural quality of the aerial seems in
this scheme to add to the composition as a
whole the verticality or the number of floors
required by the building in order to escape the
median scale –neither skyscraper nor low-rise
–that the project addresses and exploits, fully
endorsing the urban role of the built presence
irrespective of its size.

Vista de la fachada oeste de la
maqueta

A view of the model: the west
facade

Página siguiente:
Tres alzados y una sección

Facing page:
Three elevations and a section

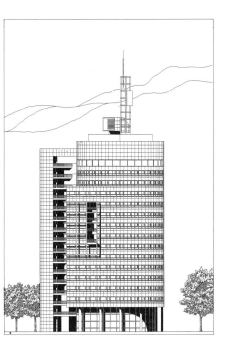

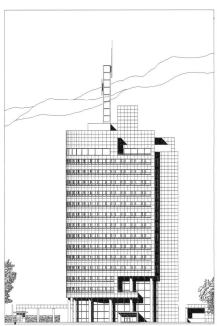

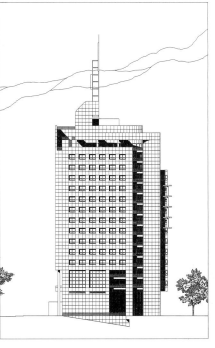

1989   Biblioteca de Francia, París.
Concurso

1989   Bibliothèque de France, Paris.
Competition project

El carácter urbano de esta intervención viene dado por su volumen y por la verticalidad de la torre.

Una pasarela permite llegar desde el otro lado del Sena, directamente al Parc de Bercy; desde el área panorámica de la sala de lectura puede admirarse París. Un gran "deseo de luz", que proviene del frecuente recurso a cubiertas transparentes y la atención dedicada a las fachadas-pantalla, es la característica principal de esta Chandigarh reinterpretada a través de Labrouste. Aquí la solemnidad de la implantación (cualidad requerida) es fruto de una impresionante capacidad de control del sistema de citas y referencias, y de una gran destreza lingüística.

El proyecto es extremamente claro en sus propuestas. La escala del solar permite la posibilidad de la puesta a punto de un sistema urbano de volúmenes bien definidos y claramente individualizados que denuncian sus funciones. La arquitectura parece consecuente con la definición de los dos sistemas que conviven en el proyecto: el de los libros y el de los lectores. Enterrando el sistema de carga y descarga de los primeros en el interior de un podio de dos plantas de altura, es posible liberar una notable porción de terreno y crear una plaza basamento para la arquitectura. El *foyer* se encuentra situado en el cilindro, el restaurante en el volumen anexo,

The urban sign in this intervention is provided by the built mass itself and the verticality of the tower.

A footbridge connects directly with the Parc de Bercy on the other side of the Seine, while the panoramic space of the reading room commands views of Paris. A great "will to light", manifested in the frequent recourse to transparent roofs and the attention devoted to the screen-like facades, is the prevailing characteristic of this return to Chandigarh by way of Labrouste. Here the solemnity of the layout (requested by the client) is the result of the impressive capacity to control the system of references and a good linguistic fluency.

The project is extremely clear in its decisions. The scale of the plot made it possible to develop an urban system of well defined and clearly identifiable volumes that explicitly declare their functions. Here the architecture seems virtually a consequence of the definition of two systems that coexist within the project: one for the books, the other for the readers. Interring the delivery and withdrawal aspect of the former system inside inside a two-storey podium, the scheme is thus able to liberate a significant portion of the plot and create the square that provides the architectural base. The foyer is inside the cylinder, the restaurant in the annex volume, the technical volumes are

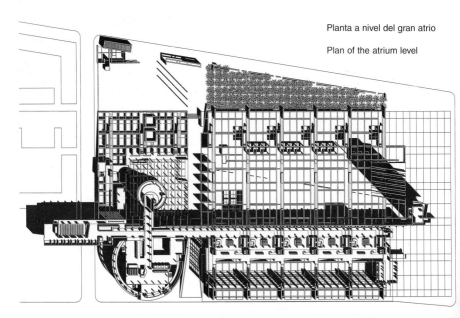

Planta a nivel del gran atrio

Plan of the atrium level

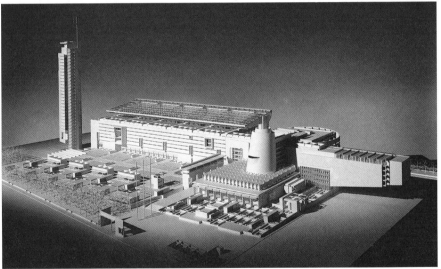

La fachada hacia el Sena y la
fachada que da a la plaza

The facade along the Seine and
the facade on the square

los volúmenes técnicos en el cono de cubierta, los libros en el edificio de seis plantas paralelo al río, la sala de lectura en la monumental cubierta con forma de ala de aeroplano, elemento filtrante de la luz, durante todo el día, e irradiador de la luz artificial, durante la noche.

located in the cone of the roof, the books in the six-storey building set parallel to the river and the reading room in the monumental wing-like structure of the roof, the element that filters light during the day and illuminates the sky at night.

1989-1993   Banco Hypolux, Luxemburgo

Experimentado en el contexto de situaciones urbanas complejas, el esquema en L con volúmenes netamente diferenciados ha sido utilizado también en el concurso para el Hypobank en Luxemburgo, en el cual la lámina de agua en la que está inmerso el cuerpo cilíndrico desdramatiza la composición, pero al mismo tiempo recupera el espíritu de solemne equilibrio que lo caracteriza.

El proyecto sigue el camino de aquella "posible experimentación" dentro del ya conocido sector de los espacios para oficinas y de representación; sector en el que permanece la constante y universal hipoteca y requerimiento de la necesidad de espacios específicos y a la vez flexibles.

El edificio acomete pues esta tipología edificatoria como expresión de "profesionalidad controlada". La contraposición volumétrica recurre a una táctica frecuentemente adoptada en los últimos años: la del estudio de elementos sencillos –el volumen cilíndrico, el paralelepípedo, la plataforma que actúa de basamento– pero tratados de una forma voluntariamente contenida, de modo que sean capaces de cumplimentar plenamente los requerimientos del encargo, sin llevarlos al límite de la exploración formal y manteniéndolos dentro de un alto nivel de estudiado equilibrio.

El edificio comprende áreas semipúblicas –salas de espera, cafetería, pequeñas salas–, así como oficinas en alquiler; uso que eventualmente puede ser sustituido por las funciones primarias de la banca. El proyecto está desarrollado sobre un módulo de 90 cm capaz de proporcionar despachos de una dimensión mínima de 2,70 m de longitud, lo que garantiza individualidad a cada puesto de trabajo según los estándares habituales en la tradición y en el programa de necesidades del instituto de crédito.

1989-1993   Hypolux Bank, Luxembourg

Tried and tested in various complex urban situations, the L-shaped scheme with its clearly differentiated volumes was employed here in the competition project for the Hypobank in Luxembourg, where the sheet of water in which the cylindrical volume is set dramatizes the composition and at the same time reflecting the spirit of solemn equilibrium that characterizes it.

The project pursues the line of "possible experimentation" within the familiar territory of a programme of offices and representative spaces conditioned by the constant and universal request of every corporate client for specific spaces together with a high degree of flexibility.

The building thus takes its place in this series as an expression of "controlled professionalism". The counterpointing of the volumes adopts yet again a tactic frequently deployed by Meier in these years: the study of simple elements –the cylindrical volume, the cuboid, the base platform– in a deliberately muted register, intended to represent in full the indications in the brief, not carried to the limits of formal exploration but maintained within a high level of studied composure. This can be seen in the chromatic range of the cladding itself, in which white does not predominate, seems to declare.

The building comprises semi-public areas –waiting rooms, cafeteria, interview rooms– as well as rental office space: functions that may in due course be substituted for the client's primary banking activities. The project is laid out on a 90 cm grid, thus generating offices with a minimum length of 2.70 m, and guaranteeing the individuality of each work space in terms of the standards inherent in the tradition and stipulated in the brief provided by the credit institution.

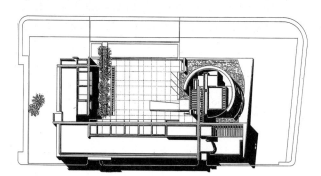

Planta volumétrica del edificio situado sobre una plataforma ligeramente elevada sobre el nivel de la calle

Volumetric plan of the building, laid out on a platform raised slightly above street level

Arriba: Fachada noreste.
Debajo: Fachada suroeste con
los *brise-soleil*

Above: The north-east facade.
Below: The south-west facade
with the brise-soleil sun screens

Arriba: La fachada sureste y el cuerpo cilíndrico con el atrio principal
Izquierda: Detalle de la fachada suroeste

Above: The south-east elevation and the cylindrical volume with the main atrium
Left: A detail of the south-west facade

Arriba: Vista del patio desde el
cuerpo cilíndrico
Derecha: Una escalera comunica las galerías de distribución
de las oficinas

Above: A view of the courtyard
from the interior of the
cylindrical volume
Right: A spiral stair connects the
building's distribution galleries

1989 Museo de Etnología, Frankfurt.
Proyecto

1989 Ethnology Museum, Frankfurt-am-Main. Project

La "ribera de los museos" continúa dibujándose al borde del Main con el proyecto de Meier para el museo de Etnología, cercano a la ya consolidada imagen del museo de Artes Decorativas.

El proyecto, voluntariamente desarticulado en planta, en función de las exigencias del encargo que pide contenedores-invernadero con iluminación cenital, plantea dividir el edificio en tres cuerpos. A uno de ellos, situado al otro lado de la Metzlerstrasse, se llega mediante un paso elevado.

Las grandes superficies acristaladas sobre la rampa de acceso, junto a los amplios volúmenes destinados a albergar los objetos más voluminosos, colocados en proximidad a la zona de acceso, crean un sistema de espacios filtrados que evitan el efecto barrera y proyectan el edificio en el verde del parque, en un diálogo a través de los materiales (losas de piedra y losetas metálicas esmaltadas), con el museo adyacente.

Development of Frankfurt's "riverbank of museums" along the Main is continued here with Meier's project for the Ethnology Museum, in close proximity to the already consolidated presence of his Decorative Arts Museum.

Deliberately disarticulated in plan in response to the requirements of the brief, which stipulated the glazed containers providing overhead illumination, the project is subdivided into three volumes, one of which, on the other side of Metzlerstrasse, is conected by way of a raised passage.

The great windows over the entrance ramp, together with the generous volumes designed to display the larger exhibits situated close to the entrance zone, create a system of filtering spaces that avoids the creation of a barrier and serves to project the building towards the landscaped park, in a dialogue with the neighbouring Decorative Arts Museum that is expressed in the materials (stone cladding and enamelled metal panels).

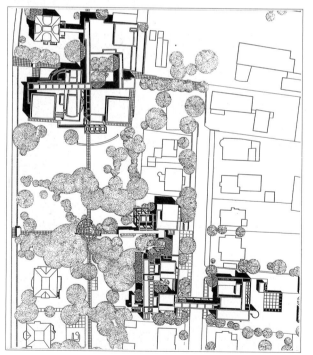

Izquierda: Planta volumétrica. Al sur, el museo de Etnología; al norte, el museo de Artes Decorativas, ya construido

Left: Volumetric plan. To the south is the Ethnology Museum, with the previously completed Decorative Arts Museum to the north

Página siguiente:
Arriba: Vista de la maqueta desde el río
Debajo: Fachada opuesta, con el volumen de la fábrica más allá de Metzlerstrasse insiriéndose en el tejido residencial

Facing page:
Above: View of the model showing the riverside facade
Below: The opposite facade, with the volume on the other side of Metzlerstrasse inserted into the residential fabric

189

1990 Plan de ordenación del barrio Sextius-Mirabeau, Aix-en-Provence. Concurso

El difícil concurso de Aix-en-Provence es interesante por su complejidad y por la posibilidad de intervenir de manera decisiva en un área urbana marginal de notables dimensiones: el área comprendida entre los dos viales Sextius y Mirabeau, el sistema ferroviario y la estación de autobuses.

El proyecto de Meier crea episodios diversos a partir de la premisa de partida de prolongar *cours* Mirabeau, una especie de parque urbano curvilíneo, convirtiéndolo en el protagonista de varias de las propuestas del proyecto estrechamente conexas. Esta asa arbolada acoge en su curso algunos elementos –el casino al principio, en una plaza redonda; la estación de autobuses hacia la mitad– para confluir en la nueva plaza en la que surge el palacio de congresos, núcleo compositivo de la nueva ordenación.

La "hoz" del trazado curvilíneo prolongado aporta su dinamismo en el interior de un tejido muy variado y se propone como elemento de síntesis urbana de los diversos barrios; el complejo en curva de las viviendas adosadas, así como el que está situado en posición limítrofe con la estación de autobuses, no hace más que remachar la premisa principal. Es una propuesta rotundamente urbana, que se profundiza hasta el estudio de una nueva señalización y de un mobiliario urbano que respete las tradiciones locales.

1990 Plan for the Sextius-Mirabeau district, Aix-en-Provence. Competition project

Although difficult, the competition for Aix-en-Provence was interesting on acount of its complexity and the possibility of intervening incisively in a degraded urban sector of considerable dimensions, lying between the Sextius and Mirabeau avenues, the railway line and the bus station.

Meier's project creates various episodes on the basis of the fundamental decision to extend the Cours Mirabeau, a kind of curving urban park, and making it the protagonist of a number of closely interconnected design situations. This curving tree-lined avenue in fact accommodates along its course diverse episodes – the casino at the beginning, on a roundabout-plaza; the bus station at the end – that flow together in the new square overlooked by the conference centre, the fulcrum of the new system.

The "sickle" of the prolonged curving trajectory introduces its dynamism into the interior of a highly variegated fabric, and proposes itself as the element of urban synthesis of the different sectors; the curving complex of terraced housing, like the one that marks off the bus station, effectively underlines the fundamental project decisions. This is a profoundly urban proposal, thought through in depth, to the extent of including a new signage system and a street furniture that would respect local traditions.

Plano de situación

Volumetric plan

Página siguiente:
La maqueta: El Palacio de Congresos y la gran "asa" de *cours* Mirabeau

Facing page:
The model: the Conference Centre and the great curve of the Cours Mirabeau

191

1990   Museo Arp, Rolandswerth (Alemania). Proyecto

La ilusión de un volumen esférico, inexistente en cuanto a tal, pero definido en alzado como bastidor pantalla, forma parte de este "juego serio" que Meier parece concederse en las colinas del Rhin. En realidad, el verdadero protagonista de este delicado proyecto es el "muro" construido (todavía memoria de Hejduk), destinado a albergar las esculturas de Jean Arp; se aborda aquí, una vez más, la concepción dinámica –de origen wrightiano– de los lugares expositivos, entendidos como recorridos equipados, construidos en función de la luz.

1990   Arp Museum, Rolandswerth (Germany). Project

The illusion of a spherical volume that does not exist as such, but is defined in elevation as a screening partition take part in this "serious game" that Meier seems to permit himself here on the hills above the Rhine. In fact, the built "wall" (memories once again of Hejduk) is the true protagonist of this delicate project to house a collection of sculptures by Jean Arp; the emphasis is placed yet again here on the dynamic conception –with its Wrightian layout– of the exhibitions spaces, treated as furnished itineraries routed in terms of the light.

Axonometría

Axonometric sketch

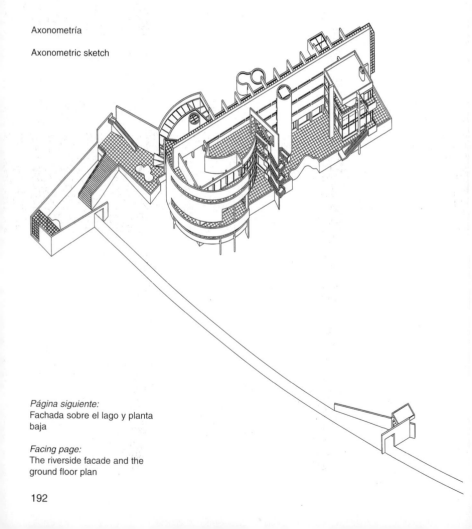

Página siguiente:
Fachada sobre el lago y planta baja

Facing page:
The riverside facade and the ground floor plan

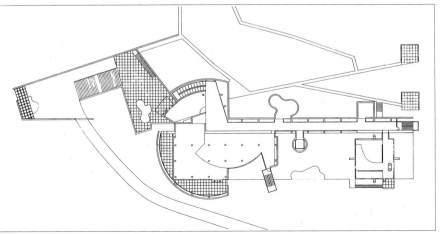

1990 Edificio de oficinas Euregio, Basilea. Proyecto

Situado en un difícil cruce, en el área antes ocupada por un garaje, el proyecto, colocado en la malla de un doble cuadrado de sección áurea adaptada al solar, intenta recoser el tejido del área y de toda la manzana con las exigencias de una volumetría con diversos destinos de uso.

El volumen cilíndrico de la torre del ángulo alberga un gran atrio de doble volumen de tres plantas de espacios reservados a la clientela, mientras las oficinas están en el patio interior y la planta baja se destina al alquiler.

Una pequeña plaza, retranqueada respecto al límite del área, hace de corredor proporcionando una variación en las visuales y una cadencia volumétrica jerárquica, ligada a la implantación del conjunto del proyecto, claramente destinada, en lo posible, a dar al edificio el papel de rótula entre las zonas centrales y periféricas en las que se encuentra.

1990 Euregio office building, Basle. Project

Situated by a problematic road junction on a plot formerly occupied by a garage, the project is laid out on a grid that is an adaptation of the double square of the golden section to the site, seeking to knit together the built fabric of the area and of the block as a whole with the demands of a volumetry accommodating various functions and uses. The cylindrical volume of the tower on the corner contains a great double-height atrium and three floors of services for clients, while the offices are located around the internal courtyard, and the ground floor is divided up into rental spaces.

A small square set back from the boundary of the plot serves as a corridor, pursuing a degree of visual variation and a hierarchical sequence of volumes linked to the overall layout of the project, clearly intended to give the building as far as possible a hinge role between the central and peripheral zones in which it is situated.

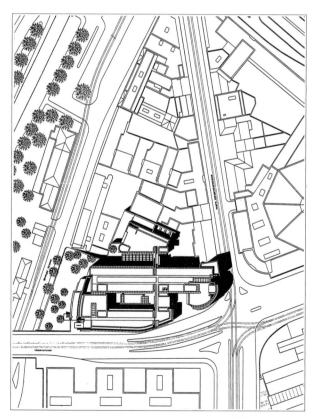

Izquierda: Planta volumétrica del edificio situada en el área de intervención

Left: Volumetric plan of the building inserted into the site

Página siguiente:
Maqueta y axonometría

Facing page:
View of the model and axonometric sketch

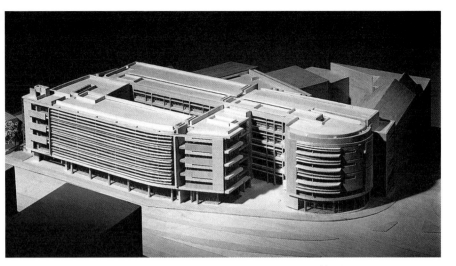

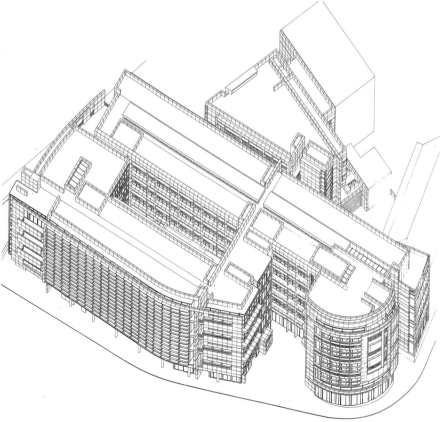

1990   Centro sanitario en Grange Road, Singapur

De momento el último de los edificios altos proyectados por Meier, el proyecto para el Medical Center de Singapur –fuertemente definido por el programa– parece buscar su "contextualismo" y muestra una gran voluntad de conciliar la propia carga, la propia tradición expresiva, con los elementos climáticos locales y el emplazamiento en general.
La aparente desarticulación de las "pantallas" de cerramiento, en algunos lugares curvadas y un cierto desorden parecen referirse a matrices distintas: el proyecto para las torres en Madison Square o, también, el de Frankfurt para la Harald Quandt, quizás más próximo desde un punto de vista dimensional que no temporal. Este tardo movimiento moderno, quizás memoria de un Le Corbusier no europeo, tiende probablemente a disolver el rigor habitual al encontrarse en el interior de una cultura compleja, en un paisaje difícil, en un lugar convertido desde hace tiempo en laboratorio de ensayos proyectuales (desde Pei a Tange y a los SOM) de diversa extracción y origen.
Esta variedad visual, por otra parte muy comedida, no impide identificar el sistema funcional general: las conexiones verticales y los ambientes de doble volumen son suficientemente explícitos y están visualmente disponibles para un amplio diálogo con el entorno. El edificio ocupa menos del 25 % de la superficie del solar, generosamente dotado de jardines y estanques. El espacio exterior se prolonga bajo y dentro de la torre con un atrio con tiendas y un pequeño café.

1990   Grange Road health centre, Singapore

The latest, for the time being, in the series of high-rise buildings, the project for the Singapore Medical Centre –closely based on the brief– seems to seek to establish its own "contextualism". In so doing it manifests a clear commitment to reconciling the commission itself, its own expressive tradition and the local factors of the climate and the site in general.
The apparent disarticulation of the "screens" at certain places on the curving outer skin and a certain *desordre* seem to draw on a variety of sources: the project for the Madison Square towers or even the office building for Harald Quandt in Frankfurt, perhaps closer in dimensional than temporal terms. This late Modernism, perhaps reminiscent of a non-European Le Corbusier, probably tends to soften the usual design rigour in finding itself engaging here with a complex culture, in a difficult landscape, in a setting that had for some time been a testing ground for design approaches (from Pei to Tange to SOM) of the most diverse origins.
This very measured visual variety does not impede the identification of the overall functional system; the vertical communications and the double-height spaces are in effect made sufficiently explicit, and visually disposed to a wide-ranging dialogue with the surroundings.
The building occupies less than 25% of the area of the plot, generously laid out with gardens and pools of water. This exterior space is extended beneath and inside the tower, with an atrium accommodating shops and a small café.

Vistas de la maqueta

Views of the model

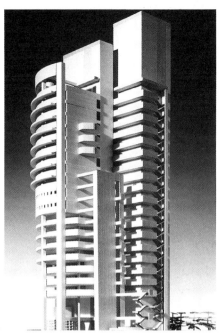

1991-1995   Casa Rachofsky II, Dallas

La casa Rachofsky, concebida como una agrupación de edificios, se dispone transversalmente a lo largo del eje que discurre por toda la extensión del área.

La matriz compositiva basada en líneas de fuerza que se cruzan en planta, a la que Meier tanto recurre en los edificios públicos, se suaviza aquí en la búsqueda de un equilibrio hecho de acercamiento de trazos y líneas, de paralelismo y ortogonalidad. Estos últimos son ecos de un Mondrian o de un purismo como siempre legibles en planta y también en la tercera dimensión. También son visibles en la variedad y gradualidad de percepciones creadas a lo largo de todo el recorrido, que desde el muro de la entrada y desde la casa del guarda conduce hasta el edificio principal y de éste hasta las áreas más privadas de la parte posterior, hasta el pabellón de la piscina.

El proyecto tiende a englobar completamente los recorridos, ya sean interiores o exteriores. De esta manera el basamento, en granito negro, alude y delimita lo construido y, al mismo tiempo, define la separación entre interior y exterior. La misma función es asumida por las grandes superficies de los elemento-losa.

El proyecto llega a configurarse como una gran placa excavada, donde los muros, los macizos del "privado" o las transparencias del "público" parecen obtenidas por eliminación y no por adición; se limitan a dejar signos, racionalmente esenciales, arquitectónicamente didácticos.

La vivienda propiamente dicha, verdadero armazón de toda la composición, se articula en tres niveles y está constituida por otros tantos elementos fundamentales. Dos de los cuales, el sólido volumen cúbico de las áreas privadas y el gran hueco adyacente de las áreas comunes, definido por la cara plegada de la cubierta, comunican perceptivamente las funciones de uso. El tercero, pero no el elemento menos importante, es el de la gran placa suspendida, auténtica mampara, voluntariamente enfatizada para demarcar los confines entre la privacidad de la piscina y su entorno, y el área de los accesos.

1991-1995   Rachofsky house II, Dallas

Conceived as an ensemble of buildings, the Rachofsky house adopts a transverse layout on the long axis that runs from one side of the plot to the other.

The compositional matrix based on lines of force that intersect in the plan, so frequently employed in the public buildings, is relaxed here in favour of an equilibrium achieved by the drawing together of signs and lines, parallelisms and orthogonal regularity. These latter elements evoke Mondrian and a Purism that is as always legible in plan and even in the third dimension, as well as in the variety and the gradation of perceptions created along the length of the itinerary that leads from the entrance in the boundary wall and the caretaker's house in to the main building, and from here to the more private areas to the rear and the pavilion by the swimming pool.

The design tends to a global integration of the circulation routes, both internal and external. Thus the base of black granite alludes to and delimits the construction and in general defines the separation between interior and exterior; the same function is exercised by the large planes of the panel elements.

The project is in effect configured as a great excavated plate, in which the walls, the solid forms of the "private" and the transparencies of the "public" seem obtained by elimination rather than by addition; these confine themselves to leaving rationally essential and architecturally didactic signs.

The house proper, the real fulcrum of the whole composition, is articulated over three levels, and constituted of three fundamental elements. Two of these –the solid cubic volume of the private zones and the great adjacent void of the communal areas, defined by the folded band of the roof– visually communicate the functions and uses. The third, but no less important, element is the great suspended slab, an authentic bulkhead given deliberate emphasis in order to mark out the boundary between the privacy of the swimming pool and surrounding area and the access zone.

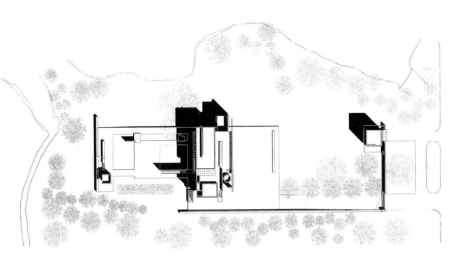

Planta volumétrica y vista de la
maqueta

Volumetric plan and view of the
model

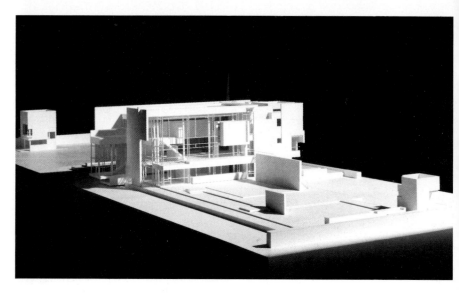

Vista de la maqueta

View of the model

1992 Plan para la Potsdamer Platz, Berlín. Concurso

En los años noventa vemos al estudio de Meier cada vez más dedicado a operaciones de gran envergadura y notable dificultad. Las aproximaciones metodológicas –mayoritariamente en ciudades lejos de EE UU– están dirigidas a utilizar la presencia de la arquitectura como ganzúa para forzar situaciones bloqueadas, como elemento de desquite o de charnela entre situaciones viarias y arquitectónicas totalmente comprometidas. El concurso para la Potsdamer Platz pertenece a esta fase "metropolitana" de los proyectos europeos del estudio; fase iniciada con proyectos tan complejos, pero no tan habituales en la propia Alemania, confirmada por el concurso de Aix-en Provence, y proseguida por el plan pormenorizado de Edimburgo. Estos proyectos, convertidos en estudios sobre los sistemas de relaciones del hecho urbano a través de los instrumentos habituales del proyecto, tienen obviamente niveles de incidencia variable.

La gran seguridad de Aix parece aquí diluirse porque la dimensión del plan, la articulación del programa del concurso y la presencia de una calidad histórica difusa, cargan cada signo de profundas preocupaciones, de significados y de intenciones.

También aquí, como en otros lugares, es evidente la voluntad de reconstruir la riqueza urbana a través de las continuas "interferencias" entre interior y exterior. Meier es capaz de otorgar individualidad a cada episodio respetando la coherencia de todo el proyecto, entendido como proyecto urbano. En Berlín tal singularidad es puesta de manifiesto, de una manera todavía más evidente, por la homogeneidad del tipo de signos y premisas adoptadas, porque el "gran gesto", que regularmente en cada uno de sus trabajos cataliza las energías del conjunto, está diluido en la pretendida majestuosidad general de la implantación. Predominar sin abrumar es la característica y el espíritu de la intervención berlinesa y, quizás, también su límite.

1992 Plan for Potsdamer Platz, Berlin. Competition project

The nineties found the Meier studio increasingly engaged in design operations of considerable complexity on the grand scale. The methodological approaches adopted –primarily concerned with the visual image, in cities far distant from the USA– are directed towards using the presence of architecture as a master key to open up blocked situations, as a compensating or hinge element between totally committed circulation and architectural situations.

The competition for Potsdamer Platz belongs to this "metropolitan" phase of the studio's work in Europe; a phase initiated with equally complex but less extensive commissions elsewhere in Germany, confirmed with the competition scheme for Aix-en-Provence, and carried further with the general plan for Edinburgh. These projects, developed as studies of the systems of relation between urban elements on the basis of the habitual design instruments, inevitably exercise different levels of impact and influence.

The great sense of secure certainty in the Aix scheme seems to dissolve away here, in that the dimensions of the plan, the articulation of the demands made by the brief and the sense of a diffuse historical presence invest every sign with a depth of preoccupation, signification and intention.

Here again as in other schemes there is an evident concern to reconstitute an urban richness by means of the continual "interferences" between interiors and exteriors. Meier is capable of endowing the individual episode with identity, while respecting the overall coherence of the whole, understood as an urban project. In Berlin, this individuality is made all the more apparent by the homogeneity of the type of sign and the decisions adopted, because the "grand gesture" that typically, in all of his work, acts as the catalyst for the accumulated energies is here diluted in favour of a layout that seeks a general sense of the majestic. To prevail without overwhelming is thus, ultimately, the identity and the spirit of this Berlin intervention, and perhaps at the same time its limitation.

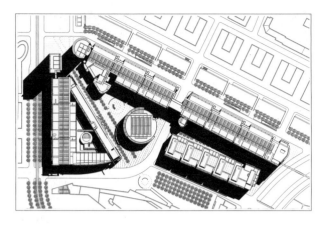

Planta volumétrica. De acuerdo con las normas del concurso, una parte de la superficie debe dedicarse a pabellón de exposiciones para la Daimler-Benz, propietaria del terreno

Volumetric plan. In accordance with the brief, part of the volume accommodates a showroom and offices for Daimler-Benz, proprietors of the site

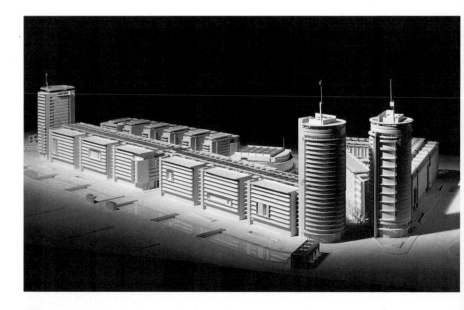

Vistas de la maqueta. Los edificios torre señalan el vínculo con
la Potsdamer Platz

Views of the model. The towers
signal the beginning of
Potsdamer Platz

1991-1995   Sede central Swissair North American, Melville (Nueva York)

Casi como una pausa ante los grandes problemas planteados por los centros históricos europeos, la sede para la compañía aérea suiza, situada al abrigo de una arteria de mucho tráfico, nos devuelve el placer de lo "pequeño" revisitado, o inferido, a partir de la experiencia del trabajo a gran escala.
Este volumen compacto es una especie de Maison Domino acristalada, cuyas plantas se limitan a ofrecer superficies libres, capaces de absorber las continuas modificaciones de las subdivisiones internas. El basamento alberga las salas de ordenadores y las instalaciones, mientras las oficinas y las salas abiertas al público están en las plantas situadas sobre el nivel del terreno, organizadas alrededor del doble volumen del atrio y orientadas, tal como mandan los cánones, de manera que reciban la luz natural en las mejores condiciones.
El gran equilibrio de la composición testimonia la serenidad psicológica que el edificio pretende crear y la claridad de la implantación es una buena prueba de ello. Círculo, cuadrado y línea recta revelan su función de perdurable y válida matriz en la génesis del proyecto.

1991-1995   Head offices for Swissair North American, Melville (N.Y.).

Amounting almost to a break from the engagement with the great problems posed by the historic cities of Europe, this headquarters for the Swiss airline, situated alongside a major traffic artery, sees a return to the pleasure of the "small", approached in the light of the experience on the grand scale. This compact volume is in effect a type of Maison Dom-Ino, glazed and with its floor plans limited to offering open interior spaces capable of acommodating the continual modification of the internal divisions.
The base contains the computer and machine rooms, while the offices and public spaces are located above ground, organized around the double-height atrium and oriented in textbook fashion to optimize the reception of daylight.
The great balance of the composition bears witness to the psychological serenity that the building seeks to create, and the clarity of the layout effectively underlines. Circle, square and straight line manifest their function as perfect matrices for the validity of the project design.

Vista de la fachada principal

View of the main facade

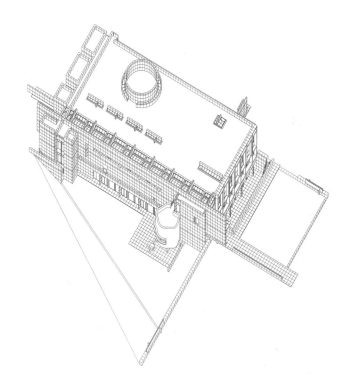

Axonometría

Axonometrix sketch

Fachada posterior   Rear facade

Biografía

Biography

1934 Nace en Newark, Nueva Jersey. Realiza sus estudios de arquitectura en la Universidad de Cornell.
1960-1965 Profesor invitado en el Pratt Institute.
1963 Abre su estudio en Nueva York. Es uno de los miembros de Five Architects.
1964 Inicia su actividad pedagógica en la Cooper Union, en la que permanecerá durante muchos años.
1967 y 1973 Profesor invitado en la Universidad de Yale.
1979 Participa en el concurso para el museo de Artes Decorativas en Frankfurt, que gana. Se inicia su periplo europeo.
1983 Brunner Memorial Prize de la Academia Americana y del Instituto de las Artes y las Letras.
1984 Premio Pritzker de arquitectura, el reconocimiento internacional de más prestigio en el campo arquitectónico. Encargo del proyecto del Centro Getty (presupuesto previsto: 733 millones de dólares).
1990 Miembro de la Real Academia de Arte de Bélgica.
1991 Laureado *ad honorem* por la Universidad de Nápoles.
1992 Commandeur, Orden de las Artes y la Letras de Francia.

1934 Born in Newark, New Jersey. Studies architecture at Cornell University.
1960-1965 Visiting Critic at the Pratt Institute.
1963 Opens his own studio in New York. Becomes a member of Five Architects.
1964 Begins teaching at the Cooper Union, an association that continues for many years.
1967 and 1973 Visiting Professor at Yale University.
1979 Takes part in the competition for the Museum of Decorative Arts in Frankfurt-am-Main, which he wins. Beginning of his European period.
1983 Brunner Memorial Prize from the American Academy and Institute of Arts and Letters.
1984 Pritzker Architecture Prize, the most prestigious international award in architecture. Commissioned to design the Getty Center (estimated budget: $73 milion).
1990 Member of the Belgian Académie Royale de l'Art.
1991 Honorary degree from the Università di Napoli.
1992 Commandeur, Ordre des Arts et des Lettres de France.

En el curso de diversos años ha sido premiado por el American Institute of Architects con 12 National Honor Awards y con 31 Nueva York City Design Awards.

Over the years he has received numerous awards from the American Institute of Architects, with 12 National Honor Awards and 31 New York City Design Awards.

Cronología de obras y proyectos

Las fechas referencian el inicio del proyecto y el fin de la construcción.
Los números entre paréntesis remiten a la página de este libro.

1961-1962 Casa Lambert, Fire Island, Nueva York
1963 Organización y diseño de la exposición *Recent American Synagogue Architecture,* Museo Judío, Nueva York
1963-1965 Casa Meier, Essex Fells, Nueva Jersey (24)
1964 Fuente monumental en el Benjamin Franklyn Parkway, Filadelfia, Pennsylvania (con Frank Stella). Consurso
1964-1965 Estudio y apartamento para Frank Stella
1964-1966 Casa Dotson, Ithaca, Nuev York
Casa Renfield, Chester, Nueva Jersey (con Elaine Lusting Cohen)
1965 Centro Artístico Universitario, Universidad de California, Berkeley, California. Concurso (con J. Hejduk y R. Slutzky)
Reforma del *loft* Rubin, Nueva York
1965-1966 Tienda de la Asociación india de Artesanos y Tejedores, Nueva York (con Elaine Lusting Cohen)
1965-1967 Casa Smith, Darien, Connecticut (26)
1966 Centro de Salud Mental, West Orange, Nueva Jersey. Proyecto
1966-1967 Casa Hoffman, East Hampton, Nueva York (30)
1967-1969 Casa Saltzman, East Hmpton, Nueva York (32)
1967-1970 Viviendas para artistas Westbeth, Greenwich Village, Nueva York (34)
1968 Centro de Educación Física y Sanitaria, Universidad Estatal, Fredonia, Nueva York. Proyecto (36)
1969 Edificios industriales para la Charles Evans Company, Fairfield, Nueva Jersey; Piscataway, Nueva Jersey (38). Proyecto
Estudio urbanístico para la remodelación del Bronx, Nueva York. Proyecto
1969 Vivienda unifamiliar en Pound Ridge, Nueva York. Proyecto (40)
Viviendas Robert R. Youg, Nuev York. Proyecto
1969-1971 Vivienda unifamiliar en Old Westbury, Nuev York (42)
1969-1974 Viviendas en Twin Parks Northeast, Bronx, Nueva York (46)
1969-1974 Centro Experimental Monroe, Rochester, Nueva York (con Todd & Giroux) (44)
1970-1977 Centro Experimental Bronx, Brox, Nueva York (50)
1971 Estudio para las filiales Olivetti en EE.UU: Irvine, California; Kansas City, Missouri; Minneapolis, Minnesota; Boston, Massachusetts; Brooklyn, Nueva York; Paterson, Nueva Jersey (60)
Variante del prototipo para las filiales de Olivetti en EE.UU: Riverside, California; Albuquerque, Nuevo México; Tucson, Arizona; First Worth, Texas; Portland, Maine; Memphis, Tennessee; Roanoke, Virginia. Proyecto
Viviendas para el centro de adiestramiento Olivetti, Tarrytown, Nueva York. Proyecto (62)
Sede central Olivetti, Fairfaix, Virginia. Proyecto (66)
1971-1973 Casa Douglas, Harbor Springs, Michigan (56)
1971-1976 Casa Maidman, Sands Point, Nueva York (54)
1969 Viviendas East Side, Nueva York (con Emery Roth). Proyecto
1972-1974 Casa Shamberg, Chappaqua, Nueva York (68)
1973 Viviendas en Paddington Station, Nueva York. Proyecto

Bridgeport, Connecticut
1989-1993 Centro de investigación Daimler-Benz, Ulm (178)
1989 Edificio de oficinas en Frankfurt. Proyecto (180)
Biblioteca de Francia, París. Concurso (182)
Ampliación y remodelación de los estudios cinematográficos Fox, Los Ángeles, California. Proyecto
Sede cenral de CMB, Amberes, Bélgica. Proyecto
Museo de Etnología, Frankfurt. Proyecto (188)
1989-1993 Banco Hypolux, Luxemburgo (184)
1990 Plan para el barrio Sextius-Mirabeau, Aix-en-Provence. Concurso (190)
Museo Arp, Rolandswerth, Alemania.

Proyecto (192)
Edificio de oficinas Euregio, Basilea (194)
Centro sanitario en Grange Road, Singapur (196)
1991 Edificio de oficinas en Berlín. Proyecto
Plan para el Plateau Tercier, Niza. Proyecto
1991-1995 Sede central Swissair North American, Melville, Nueva York (204)
Casa Rachofsky II, Dallas, Texas (198)
1992 Plan para Postdamer Platz, Berlín. Concurso (201)
1993-1998 Oficinas federales y tribunales, Islip, Nueva York
1994-1995 Museo de la Radio y Televisión, Beverly Hills, California
Galería Gagosian, Los Ángeles, California

List of major works

The dates refer to the year the project was commenced and the year construction was completed.
The numbers in brackets are page references to the present book.

1961-1962 Lambert house, Fire Island, N.Y.
1963 Exhibition design and participation in the show *Recent American Synagogue Architecture*, The Jewish Museum, New York
1963-1965 Meier house, Essex Fells, New Jersey (24)
1964 Monumental fountain on the Benjamin Franklin Parkway, Philadelphia, Pennsylvania (with Frank Stella). Competition project
1964-1965 Studio and apartment for Frank Stella, New York
1964-1966 Dotson house, Ithaca, N.Y
Renfield Chester house, New Jersey (with Elaine Lustig Cohen)
1965 University Arts Center, University of California, Berkeley, California. Competition project (with J. Hejduk and R. Slutzky)
Restructuring of the Rubin loft, New York
1965-1966 "Sona" craft objects and fabrics shop, Exports Corporation of India, New York (with Elaine Lustig Cohen)
1965-1967 Smith house, Darien, Connecticut (26)
1966 Mental Health Facilities, West Orange, New Jersey. Project
1966-1967 Hoffman house, East Hampton, N.Y. (30)
1967-1969 Saltzman house, East Hampton, N.Y. (32)
1967-1970 Westbeth Artists' Housing, Greenwich Village, New York. (34)
1968 Health and Physical Education Building, State University, Fredonia, N.Y. Project. (36)

1969 Industrial buildings for the Charles Evans Company: Fairfield, New Jersey; Piscataway, New Jersey. (38) Project
Plan for the restructuring of the Bronx, New York. Project
1969 House at Pound Ridge, N.Y. Project
Robert R. Young Housing, New York. Project (40).
1969-1971 House in Old Westbury, N.Y. (42)
1969-1974 Twin Parks Northeast Housing, Bronx, New York (46)
1969-1974 Monroe Developmental Center, Rochester, N.Y. (with Todd & Giroux) (44)
1970-1977 Bronx Developmental Center, Bronx, New York (50)
1971 Study for the Olivetti subsidiary in the USA: Irvine,California; Kansas City, Missouri; Minneapolis, Minnesota; Boston, Massachusetts; Brooklyn, N.Y.; Paterson, New Jersey. Project (60)
Variant on the prototype for the Olivetti subsidiary in the USA: Riverside, California; Albuquerque, New Mexico; Tucson, Arizona; Fort Worth, Texas; Portland, Maine; Memphis, Tennessee; Roanoke, Virginia. Project
Residences for the Olivetti training centre, Tarrytown , N.Y. Project (62)
Head offices for Olivetti, Fairfax, Virginia. Project (66)
1971-1973 Douglas house, Harbor Springs, Michigan (56)
1971-1976 Maidman house, Sands Point, N.Y. (54)
1969 East Side Housing, New York (with Emery Roth). Project
1972-1974 Shamberg house, Chappaqua, N.Y. (68)
1973 Residences at Paddington Station, New York. Project
Museum of Modern Art at Villa Strozzi, Florence. Project (70)
1974 Condominium in Yonkers, N.Y. Project
Halls of residence for Cornell

University, Ithaca , N.Y. Project (72)
1975 Commercial and warehouse premises,
Springfield, Massachusetts. Project
Wingfield Racquet Club, Greenwich,
Connecticut. Project
1975-1978 Restructuring of the receiving
wards of the Psychiatric Center, Bronx,
New York
Sarah Campbell Blaffer Pottery Studio,
New Harmony, Indiana (78)
1975-1979 Atheneum, New Harmony,
Indiana (74)
1976 Alamo Plaza, Colorado Springs,
Colorado. Project
Plukas-Delone house, Concord,
Massachusetts. Project (80)
Weber-Frankel Gallery, New York.
Project
1977 Civic Center, Manchester,
New Hampshire. Project
Design for the New York School
exhibition in the State Museum, Albany,
N.Y. (82)
1977-1978 Aye Simon Reading Room,
Solomon R. Guggenheim (84)
Museum, New York
1977-1979 Apartment in New York
1977-1980 House in Palm Beach,
Florida (86)
1978-1981 Seminary in Hartford,
Connecticut (90)
1978-1982 Clifty Creek primary school,
Columbus, Indiana (88)
Furniture for Knoll International
1979-1983 Giovannitti house, Pittsburgh,
Pennsylvania (94)
1979-1985 Decorative Arts, Frankfurt-am-
Main (98)
1980 Somerset Condominiums, Beverly Hills,
California. Project (102)
Product design for Alessi, Milan
1980-1983 High Museum of Art, Atlanta,
Georgia (104)
1981 Head offices for Renault, Boulogne-
Billancourt. Project (109)
Archives for the US Embassy, Santiago
de Chile
1982 Housing for the IBA, Berlin.
Project (112)
Parc de la Villette, Paris. Competition
project
1982-84 Extension to the Des Moines Art
Center, Des Moines, Iowa (114)
1983 Product design for Swid Powell,
New York
Conversion of the Lingotto factory,
Turin. Competition project (120)
1983-1986 Head offices for Siemens,
Munich (118)

1984 Helmwick house, Des Moines, Iowa.
Project. (124)
1984-1986 Ackerberg house, Malibu,
California (128)
House in Westchester County,
N.Y. (122)
1984-1989 Bridgeport Center, Bridgeport,
Connecticut (130)
1984-1989 Office and laboratory complex for
Siemens, Munich (126)
1985-1989 Grotta house, Harding Township,
New Jersey (132)
1985-1997 Getty Center, Los Angeles,
California. In construction (134)
1986 Studio for Richard Meier & Partners,
New York and Los Angeles
Supreme Court building, Jerusalem.
Competition project
Restructuring of the Bicocca area,
Milan. Competition project (138)
Ophthalmology centre for the Oregon
Health Sciences University, Portland,
Oregon. Project (146)
Rachofsky house I, Dallas, Texas.
Project (140)
1986-1993 Civic and cultural centre,
Ulm (140)
1986-1995 City hall and central library,
The Hague (142)
1987 Projects for Naples
National Investment Bank, The Hague.
Project
Hotel on the beach at Santa Monica,
California. Competition project (150)
Towers on Madison Square, New York.
Competition project (152)
1987-1992 Weishaupt Forum, Schwendi
(Germany) (156)
Head offices for KNP (Royal
Netherlands Postal Service),
Hilversum (160)
1987-1995 Museum of Contemorary Art,
Barcelona (164)
1988 Students' and Admissions Center,
Cornell University, Ithaca, N.Y.
Project (170
Plan for the administrative centre and
harbour of Antwerp (Belgium). Project
1988 General plan for Edinburgh Park,
Edinburgh (176)
Apartment in Chicago, Illinois
1988-1992 Head offices for Canal Plus,
Paris (172)
1988-1996 Espace Pitot, Montpellier
1989 Refurbishment of the Barnum Museum,
Bridgeport, Connecticut
1989-1993 Daimler-Benz research centre,
Ulm (178)
1989 Office building in Frankfurt-am-Main.

Escritos de Richard Meier

Writings by Richard Meier

1973 *Les heures claires,* en *Le Corbusier, Viua Savoye,* ed. Y. Futagawa, "GA", 13, pp. 2-7.

1974 *Otto progetti, strategie progettuali,* en "Casabella", mayo pp. 17-38.

1974 *Tre recenti progetti,* en "Controspazio", septiembre, pp. 38-47.

1976 *Richard Meier, Architect: Building and Projects 1966-1976,* con textos de K. Frampton and J. Hejduk, Oxford University Press, Nueva York.

. *Dialogue* (with Arata Isozaki), in "A+U", número monográfico, agosto, pp. 21-38.

1981 *Remembering Breuer,* en "Skyline", octubre, p. 11.

1982 *Questioned about First Sketches,* en "Daidalos", 5, septiembre, p.46. *On Architecture,* texto de la Conferencia Eliot Noyes, Harvard University, Cambridge, Massachusetts.

1984 *Richard Meier Arquitecto1964-1984,* introducción de J. Rykwert, Editorial Gustavo Gili, Barcelona.

1986 Introducción a *Richard Meier,* ed. V. Vaudou, Electa/Moniteur, París.

1988 Texto en "Perspecta", 24, Rizoli International, Nueva York, pp. 104-105.

1990 *On the Road Again,* en *PerspeArchitecture, Shaping the Future,* University of California, San Diego, pp. 25-35. *RIBA Royal Gold Medal Address 1988,* en *Richard Meier,* Academy Editions.

1991 *Richard Meier Arquitecto 1985-1991,* con textos de J. Rykwert y K. Frampton, Editorial Gustavo Gili, Barcelona.

1993 Introducción al libro de W. Blaser, *Weishaupt Forum–Richard Meier,* Birkäuser Verlag AG, Basilea.

1973 *Les heures claires,* in *Le Corbusier, Villa Savoye,* ed. Y. Futagawa, "GA", 13, pp.2-7.

1974 *Otto progetti: strategie progettuali,* in "Casabella", May, pp.17-38.

1974 *Tre recenti progetti,* in "Controspazio", September, pp.38-47.

1976 *Richard Meier, Architect: Buildings and Projects 1966-1976,* with texts by K. Frampton and J. Hejduk, Oxford University Press, New York. *Dialogue* (with Arata Isozaki), in "A+U", monograph issue, August, pp.21-38.

1981 *Remembering Breuer,* in "Skyline", October, p.11.

1982 *Questioned about First Sketches,* in "Daidalos", 5, September, p.46. *On Architecture,* text of the Eliot Noyes Lecture, Harvard University, Cambridge, Massachusetts.

1984 *Richard Meier Architect 1964-1984,* introduction by J. Rykwert, Rizzoli International, New York.

1986 *Introduction* to *Richard Meier,* ed. V. Vaudou, Electa Moniteur, Paris.

1988 *Essay,* in "Perspecta", 24, Rizzoli International, New York, pp.104-105.

1990 *On the Road Again,* in *"PerspeArchitecture, Shaping the Future,* University of California, San Diego, pp.25-35. *RIBA Royal Gold Medal Address 1988,* in *Richard Meier,* Academy Editions, St. Martin in the Fields.

1991 *Richard Meier Architect 1985-1991,* with texts by J. Rykwert and K. Frampton, Rizzoli International, New York.

1993 Introduction to W. Blaser, *Weishaupt Forum - Richard Meier,* Birkäuser Verlag AG, Basle.

Bibliografía

1966 A. PICA, *Sona, un centro di artigianato a New York* en "Domus", diciembre.

1968 *Smith House: un sogno americano*, en "Domus", abril pp. 20-23.

1972 *Five Architects: Eisenman/Graves/ Hejduk/Gwathmey/Meier*, introducción de C. Rowe and K. Frampton, Wittenborn, Nueva York, pp. 111-134.

1973 *Five on Five*, en "Architectural Forum", número monográfico, mayo, pp.45-57.
      M. Tafuri, *L'architecture dans le boudoir*, en "Oppositions", 3, p. 52.

1974 *L'ultima villa dagli USA* (casa Douglas) en "Domus", enero, pp. 19-25.
      P. GOLDBERGER, *Should Anyone Care about the 'New York Fire'?* en "Architectural Record", febrero, pp. 113-116.
      J.M. SCHWARTING, *Quattro progetti per Olivetti Usa,* en "Domus", marzo, pp. 2-8.

1975 K. FRAMPTON, *Five Architects y Casa Salzman, 1967,* en "Lotus International", 9, pp. 146-161.
      C. HOYT, *Four Projects by Richard Meier. Change and Consistency,* en "Architectural Record", marzo, pp. 111-120.

1976 *Five Architects N.Y.,* ed. C. Gubitosi y A. Izzo, introducción de M. Tafuri, Officina Edizione, Roma. *Spatial Structures of Richard Meier,* in "A+U", abril (número monográfico).

1976 S. CASSARÀ, *Qualità intrinseche delle rimembranze,* en "Parametro", 48, julio, pp. 16-19, 59.
      M. Tafuri, *European Graffiti: Five x Five = Twenty-Five,* en "Oppositions", 5, pp. 35-74.
      M. Tafuri, *The Ashes of Jefferson,* en "L'Architecture d'Aujourd'hui", agosto-septiembre, pp. 53-69.

1977 F. DALCO, *The "Allusions" of Meier,* en "Oppositions", 9, pp.6-18.
      Bronx Developmental Center, en "A+U", noviembre, pp. 3-29.

      S. CASSARÀ, *Bronx Developmental Center,* en "Parametro", mayo, pp. 37-39.
      S. STEPHENS, *Architecture Cross-examined,* en "Progressive Architecture", Julio, pp. 43-54.

1980 V. MAGNAGO LAMPUGNANI, *Il gioiello con tutte le qualità,* en "Lotus International", 28, pp. 34-41.
      S.T. STEPHENS, *Emblematic Edifice: The Atheneum,* in "Progressive Architecture", Febrero, pp.67-75.

1982 G. PETTENA, *A whiter shade of pale* (Hartford Seminary), en "Domus", junio, pp. 2-12.
      S. CASSARA, *nuovo museo di Atlanta,* en"Parametro", agosto-septiembre, pp. 44-51.
      D. BRENNER, *An American in Paris* (oficinas Renault), en "Architectural Record", octubre, pp. 116-123.
      K. FRAMPTON, *High Museum of Art,* en "Casabella", 485, noviembre, pp. 50-61.

1984 *Venti progetti per il futuro del Lingotto,* Etas libri, Milán, pp. 120-127.
      Case sul Landwehrkanal, en "Lotus International", 41, pp. 73-75.

1984 F. IRACE, C. FOX, *Il museo di Atlanta,* en "Domus", mayo pp. 14-19.
      P.-A. CROSET, *Scuola elementare a Columbus,* en "Casabella", 502, mayo, pp. 4-13.

1985 N. HUSE, *Richard Meier, Museum für Kunsthandwerk,* Ernst & Sohn, Berlín.
      Museum for the Decorative Arts; Des Moines Art Center, ed. A. Papadakis, en "Architectural Design", 1/2, pp. 56, 58-69.
      F. IRACE, *Radiant Museum, Museum für Kunsthandwerk,* en "Domus", 662, junio, pp. 2-11.
      K. FRAMPTON, *Il museo come mescolanza,* en "Casabella", 515, julio, pp. 4-10.
      Des Moines Art Center Addition;

Museum für Kunsthandwerk, en "A+U", septiembre, pp. 15-70.
Des Moines Art Center Addition; Museum für Kunsthandwerk, ed. Y. Futagawa, "GA Document", 13, septiembre, pp. 4-41.

1986 *Richard Meier,* ed. V. Vaudou, Electa/Moniteur, París.
Progetto Bicocca, Electa, Milán.
V. MAGNAGO LAMPUGNANÍ, *Des Moines Art Center,* en "Domus", 671, abril, pp. 37-43.

1987 A. IZZO et al., *Progetti per Napoli,* Guida, Nápoles.
J. RYKWERT, *Richard Meier: due nouve case unifamiliari in USA,* en "Domus", 681, marzo, pp. 29-45.
P. GIORDANO, *Progetti per Napoli, e*n "Domus", 681, marzo, pp. 71-84.
Exhibition-Assembly Building, Ulm, ed. Y. Futagwa, "GA Document", 18, Abril, pp. 7-12.

1987 V. MAGNAGO LAMPUGNANi *Richard Meier davanti alla Cattedrale di Ulm,* en "Domus", 687, octubre, pp. 8-9.
V. MAGNAGO LAMPUGNANI, *Municipio ie Biblioteca, L'Aia,* en "Domus", 688, noviembre, pp. 25-31.
Ackerberg house, ed. Y. Futagawa, "GA HOUSES", 22, diciembre, pp. 6-21.
S. STEPHENS *Malibu Modernism,* en "Progressive Architecture", diciembre, pp. 94-101.

1988 D. GALLOWAY, *A Heightened Urbanity: The Recent Works of Richard Meier,* en "A+U", marzo.
C. JENCKS, *Meier and the Modern Tradition,* en "Architectural Design" 9/10, pp.II-V.
A. PAPADAKIS, *Ackerberg House,* en "Architectural Design" 7/8, pp. 24-33.

1989 *Bridgeport Center, en "Zodiac",* 1, pp. 92-107.
R. RINALDI *Due studi d'architetura: da New York a Los Angeles,* en "Interni", marzo, pp.8-13.
F. MONTRASI, *Centro Oculistico a Portland,* en "Casabella", abril, pp. 30-32.
J. GLANCEY, *As Cold, and as Passionate as the Dawn,* en "World Architecture", 3, pp. 40-51.
Madison Square Garden, ed. Y Futagawa, "GA Document", 23, Abril, pp. 7-11.
Bridgeport Center, ed. Y. Futagawa, "GA Document", 24, agosto, pp. 76-91.

1990 *Richard Meier: Building for Art/Bauen für die Kunst,* ed. W. Blaser, Birkäuser Verlag AG, Basilea.
Richard Meier, con textos de K. Frampton and C. Jencks, Academy Editions.

1990 V. MAGNAGO LAMPUGNANI, *Museums-architektur in Frankfurt 1980-1990,* Preste Verlag, Munich.
L. E. NESBITT, *Richard Meier: Collages,* St. Martin's Press, New York.
C. JENCKS, *Richard Meier and the Modern Tradition,* en *The New Moderns,* Academy Editions, pp. 239-255.
L. DIMITRIU, *Richard Meier: l'architettura verso il trezo millennio,* en "Controspazio", marzo, pp. 9-25.
Bridgeport Center, in "A+U", abril, pp. 8-24.
G. BOAGA, *J. Paul Getty Center a Los Angeles di Richard Meier,* en "Casabella", 567, abril, pp. 32-33.
Stazione televisiva Canal + a Parigi, en "Zodiac", 4, pp. 204-222.
B. FORTIER, *Il quartiere Sextius-Mirabeau ad Aix en Provence. Desiderio di città,* en "Casabella", 572, octubre.
Grotta House, en "A+U", diciembre, pp. 16-23.
K. FRAMPTON, *Progetti in Europa di Richard Meier & Partners: Opere in corsa,* en "Casabella", 574, diciembre pp. 4-20.

1991 *Richard Meier: Architetture/Progetti 1986-1990,* ed. F. Izzo y A. Gubitosi, Centro Di, Florencia.
Richard Meier & Partners: Canal+ Headquarters, Paris 1988-1991. Aedes Galerie und Architekturforum, Berlín.
The Getty Center Design Process, ed. G. Gerace. The J. P. Getty Trust, Los Ángeles.
Museo de Arte contemporaneo a Barcellona, en "Zodiac", 6, marzo-agosto, pp. 136-151.

1991 F. IZZO, *Richard Meier, Grotta Residence,* en "Domus", 726, Abril, pp. 64-71.
S. BOIDI, *Moderno ma non troppo,* en "Costruire", abril pp. 184-188.
Getty Center, Los Angeles, en "GA Document", 31, noviembre, pp. 4-21.

1992 *Five Architects &Twenty Years Later,* Introducción de S. W. Hurt, Universidad de Maryland.
A. J. PLATTUS, *Il museo e la città: la geografia della cultura,* en "Casabella" 586-587, enero-febrero, pp. 71-77.

M. A. ARNABOLDI, *Il Getty Center a Los Angeles,* en "L'Arca", marzo, pp. 4-11.

V. PARENT, *Fenêtre des bords de Seine,* en "L'Architecture d'Aujourd'hui", junio, pp. 99-108.

F. GARCÍA MARQUÉS, *Intervista a Richard Meier,* en "L'Arca", julio-agosto, pp. 22-25.

A. GUBITOSI, *La città in miniatura,* en "L'Arca", julio-agosto pp. 26-31

K. FORTSTER, *Stella televisiva sul palcoscenico urbano,* en "Domus", 741, septiembre, pp. 29-41.

Weishaupt Forum; Canal+, ed. Y. Futagawa, "GA Document", 34, septiembre, pp. 8-57.

Getty Center, en "A+U", noviembre (número monográfico).

1993 *Richard Meier,* ed. P. Ciorra, Electa, Milán

Richard Meier/Frank Stella: Arte e architettura, ed. M. Costanzo, V. Giorgi, M. Tolomeo, Electa, Milán.

W. BLASER, *Weishaupt Forum - Richard Meier,* Birkhäuser Verlag AG, Basilea.

1993 L.BEAUDOIN, *Canal+ Building in Paris,* en "A+U", enero, pp. 46-71.

A. GUBITOSI, *Architettura con um più,* en "L'Arca", febrero, pp. 50-59.

Exhibition and Assembly Building, Ulm, Germany en "Zodiac", 9, marzo-agosto, pp. 180-196.

Due edifici europei di Richard Meier, en "Casabella", 600, abril, pp. 12-19.

Royal Dutch Papermills Headquarters; Weishaupt Forum, en "A+U", 275, agosto.

M. BRADASCHIA, *Meier per "Getty",* en "D'Architettura", 8, pp. 54-58.

L. GAZZANIGA, *Richard Meier: Edificio per una banca, Lussemburgo,* en "Domus", 755, diciembre, pp. 25-35.

1994 *Richard Meier Sculpture: 1992-1994,* introducción L. E. Nesbitt, Rizzoli International, Nueva York.

V. FAGONE, *Il Duomo di fronte*en "Costruire", 128, enero, pp. 102-105.

I FLAGGE, U. THORWALD, *Richard Meier: Daimler-Benz Forschungszentrum Ulm,* Gerd Hatje, Stuttgart.

M. DEILLUC, *Richard Meier: Siège de Banque au Luxembourg,* en "L'Architecture d'Aujourd", 291, febrero, pp. 64-67.

A. GUBITOSI, *La didattica dell'immagine,* en "L'Arca", marzo, pp. 4-11.

Daimler-Benz Research Center; Exhibition and Assembly Building; Hypolux Bank Building, ed. Y. Futagawa, "GA Document", 40, julio, pp. 8-47.

1995 M. BACHER, *Lo Stadthaus di Ulm,* en "Domus", 768, febrero, pp. 8-22.

Bibliography

1966 A. PICA, *Sona, un centro di artigianato a New York*, in "Domus", December.

1968 *Smith House: un sogno americano*, in "Domus", April, pp.20-23.

1972 *Five Architects: Eisenman/Graves/ Hejduk/ Gwathmey/Meier*, introduction by C. Rowe and K. Frampton, Wittenborn, New York, pp.111-134.

1973 *Five on Five*, in "Architectural Forum", monograph issue, May, pp.45-57.
      M. Tafuri, *L'architecture dans le boudoir*, in "Oppositions", 3, p.52.

1974 *L'ultima villa dagli USA* (Douglas house) in "Domus", January, pp.19-25.
      P. GOLDBERGER, *Should Anyone Care about the 'New York Five'?* in "Architectural Record", February, pp.113-116.
      J. M. SCHWARTING, *Quattro progetti per Olivetti USA*, in "Domus", March, pp.2-8.

1975 K. FRAMPTON, *Five Architects* and *Casa Salzman, 1967*, in "Lotus International", 9, pp.146-161.
      C. HOYT, *Four Projects by Richard Meier. Change and Consistency*, in "Architectural Record", March, pp.111-120.

1976 *Five Architects N.Y.*, ed. C. Gubitosi and A. Izzo, introduction by M. Tafuri, Officina Edizione, Rome.
      Spatial Structures of Richard Meier, in "A+U", April (monograph issue).

1976 S. CASSARÀ, *Qualità intrinseche delle rimembranze*, in "Parametro", 48, July, pp.16-19, 59.
      M. Tafuri, *European Graffiti: Five x Five = Twenty-Five*, in "Oppositions", 5, pp.35-74.
      M. Tafuri, *The Ashes of Jefferson*, in "L'Architecture d'Aujourd'hui", August-September, pp.53-69.

1977 F. DAL CO, *The "Allusions" of Meier*, in "Oppositions", 9, pp.6-18.
      Bronx Developmental Center, in "A+U", November, pp.3-29.

S. CASSARÀ, *Bronx Developmental Center*, in "Parametro", May, pp.37-39.
S. STEPHENS, *Architecture Cross-examined*, in "Progressive Architecture", July, pp.43-54.

1980 V. MAGNAGO LAMPUGNANI, *Il gioiello con tutte le qualità*, in "Lotus International", 28, pp.34-41.
      S. STEPHENS, *Emblematic Edifice: The Atheneum*, in "Progressive Architecture", February, pp.67-75.

1982 G. PETTENA, *A whiter shade of pale* (Hartford Seminary), in "Domus", June, pp.2-12.
      S. CASSARÀ, *Il nuovo museo di Atlanta*, in "Parametro", August-September, pp.44-51.
      D. BRENNER, *An American in Paris* (Renault offices), in "Architectural Record", October, pp.116-123.
      K. FRAMPTON, *High Museum of Art*, in "Casabella", 485, November, pp.50-61.

1984 *Venti progetti per il futuro del Lingotto*, Etas libri, Milan, pp.120-127.
      Case sul Landwehrkanal, in "Lotus International", 41, pp.73-75.

1984 F. IRACE, C. FOX, *Il museo di Atlanta*, in "Domus", May, pp.14-19.
      P.-A. CROSET, *Scuola elementare a Columbus*, in "Casabella", 502, May, pp.4-13.

1985 N. HUSE, *Richard Meier, Museum für Kunsthandwerk*, Ernst & Sohn, Berlin.
      Museum for the Decorative Arts; Des Moines Art Center, ed. A. Papadakis, in "Architectural Design", 1/2, pp.56, 58-69.
      F. IRACE, *Radiant Museum, Museum für Kunsthandwerk*, in "Domus", 662, June, pp.2-11.
      K. FRAMPTON, *Il museo come mescolanza*, in "Casabella", 515, July, pp.4-10.
      Des Moines Art Center Addition; Museum für Kunsthandwerk, in "A+U", September, pp.15-70.

Des Moines Art Center Addition;
Museum für Kunsthandwerk, ed.
Y. Futagawa, "GA Document", 13,
September, pp.4-41.
1986 Richard Meier, ed. V. Vaudou, Electa
Moniteur, Paris.
Progetto Bicocca, Electa, Milan.
V. MAGNAGO LAMPUGNANI, Des
Moines Art Center, in "Domus", 671,
April, pp.37-43.
1987 A. IZZO et al., Progetti per Napoli,
Guida, Naples.
J. RYKWERT, Richard Meier: due
nuove case unifamiliari in USA, in
"Domus", 681, March, pp.29-45.
P. GIORDANO, Progetti per Napoli,
in "Domus", 681, March, pp.72-84.
Exhibition-Assembly Building, Ulm, ed.
Y. Futagawa, "GA Document", 18, April,
pp.7-12.
1987 V. MAGNAGO LAMPUGNANI, Richard
Meier davanti alla Cattedrale di Ulm,
in "Domus", 687, October, pp.8-9.
V. MAGNAGO LAMPUGNANI,
Municipio ie Biblioteca, L'Aia, in
"Domus", 688, November, pp.25-31.
Ackerberg house, ed. Y. Futagawa, "GA
HOUSES", 22, December, pp.6-21.
S. STEPHENS, Malibu Modernism, in
"Progressive Architecture", December,
pp.94-101.
1988 D. GALLOWAY, A Heightened Urbanity:
The Recent Works of Richard Meier,
in "A+U", March.
C. JENCKS, Meier and the Modern
Tradition, in "Architectural Design" 9/10,
pp.II-V.
A. PAPADAKIS, Ackerberg House, in
"Architectural Design" 7/8, pp.24-33.
1989 Bridgeport Center, in "Zodiac", 1,
pp.92-107.
R. RINALDI, Due studi d'architetura: da
New York a Los Angeles, in "Interni",
March, pp.8-13.
F. MONTRASI, Centro Oculistico a
Portland, in "Casabella", April,
pp.30-32.
J. GLANCEY, As Cold, and as
Passionate as the Dawn, in "World
Architecture", 3, pp.40-51. Madison
Square Garden, ed. Y. Futagawa,
"GA Document", 23, April, pp.7-11.
Bridgeport Center, ed. Y. Futagawa,
"GA Document", 24, August, pp.76-91.
1990 Richard Meier: Buildings for Art/Bauen
für die Kunst, ed. W. Blaser, Birkäuser
Verlag AG, Basle.
Richard Meier, with texts by K.
Frampton and C. Jencks, Academy

Editions, St. Martin in the Fields.
1990 V. MAGNAGO LAMPUGNANI,
Museums-architektur in Frankfurt
1980-1990, Prestel Verlag, Munich.
L. E. NESBITT, Richard Meier:
Collages, St. Martin's Press, New York.
C. JENCKS, Richard Meier and the
Modern Tradition, in The New Moderns,
Academy Editions, St. Martin in the
Fields, pp.239-255.
L. DIMITRIU, Richard Meier:
l'architettura verso il terzo millennio,
in "Controspazio", March, pp.9-25.
Bridgeport Center, in "A+U", April,
pp.8-24.
G. BOAGA, J. Paul Getty Center a Los
Angeles di Richard Meier, in
"Casabella", 567, April, pp.32-33.
Stazione televisiva Canal+ a Parigi,
in "Zodiac", 4, pp.204-222.
B. FORTIER, Il quartiere Sextius-
Mirabeau ad Aix en
Provence. Desiderio di città, in
"Casabella", 572, October.
Grotta House, in "A+U", December,
pp.16-23.
K. FRAMPTON, Progetti in Europa di
Richard Meier & Partners: Opere
in corsa, in "Casabella", 574,
December, pp.4-20.
1991 Richard Meier: Architetture/Progetti
1986-1990, ed. F. Izzo and A. Gubitosi,
Centro Di, Florence.
Richard Meier & Partners: Canal+
Headquarters, Paris 1988-1991. Aedes
Galerie und Architekturforum, Berlin.
The Getty Center Design Process, ed.
G. Gerace, The J. P. Getty Trust, Los
Angeles.
Museo de Arte contemporaneo a
Barcellona, in "Zodiac", 6, March-
August, pp.136-151.
1991 F. IZZO, Richard Meier, Grotta
Residence, in "Domus", 726, April,
pp.64-71.
S. BOIDI, Moderno ma non troppo,
in "Costruire", April, pp.184-188.
Getty Center, Los Angeles, in "GA
Document", 31, November, pp.4-21.
1992 Five Architects/Twenty Years Later,
introduction by S. W. Hurt, University of
Maryland.
A. J. PLATTUS, Il museo e la città: la
geografia della cultura, in "Casabella"
586-587, January-February, pp. 71-77.
M. A. ARNABOLDI, Il Getty Center
a Los Angeles, in "L'Arca", March,
pp.4-11.
V. PARENT, Fenêtre des bords de

Seine, in "L'Architecture d'Aujourd'hui",
June, pp.99-108.
F. GARCIA MARQUES, *Intervista a
Richard Meier*, in "L'Arca", July-August,
pp.22-25.
A. GUBITOSI, *La città in miniatura*, in
"L'Arca", July-August, pp.26-31.
K. FORSTER, *Stella televisiva sul
palcoscenico urbano*, in "Domus", 741,
September, pp.29-41.
Weishaupt Forum; Canal+, ed. Y.
Futagawa, "GA Document", 34,
September, pp.8-57.
Getty Center, in "A+U", November
(monograph issue).
1993 *Richard Meier*, ed. P. Ciorra,
Electa, Milan.
*Richard Meier/Frank Stella: Arte e
architettura*, ed. M. Costanzo, V. Giorgi,
M. Tolomeo, Electa, Milan.
W. BLASER, *Weishaupt Forum -
Richard Meier*, Birkhäuser Verlag AG,
Basle.
1993 L. BEAUDOUIN, *Canal+ Building in
Paris*, in "A+U", January, pp.46-71.
A. GUBITOSI, *Architettura con un più*,
in "L'Arca", February, pp.50-59.
*Exhibition and Assembly Building, Ulm,
Germany* in "Zodiac", 9, March-August,
pp.180-196.
Due edifici europei di Richard Meier,
in "Casabella", 600, April, pp.12-19.
*Royal Dutch Papermills Headquarters;
Weishaupt Forum*, in "A+U", 275,
August.
M. BRADASCHIA, *Meier per "Getty"*,
in "D'Architettura", 8, pp.54-58.
L.GAZZANIGA, *Richard Meier: Edificio
per una banca, Lussemburgo*, in
"Domus", 755, December, pp.25-35.
1994 *Richard Meier Sculpture: 1992-1994*,
introduction by L. E. Nesbitt, Rizzoli
International, New York.
V. FAGONE, *Il Duomo di fronte* in
"Costruire", 128, January, pp.102-105.
I. FLAGGE, U. THORWALD, *Richard
Meier: Daimler-Benz Forschungszentrum
Ulm*, Gerd Hatje, Stuttgart.
M. DELLUC, *Richard Meier: Siège de
Banque au Luxembourg*, in
"L'Architecture d'Aujourd'hui", 291,
February, pp.64-67.
A. GUBITOSI, *La didattica
dell'immagine*, in "L'Arca", March,
pp.4-11.
*Daimler-Benz Research Center;
Exhibition and Assembly Building;
Hypolux Bank Building*, ed. Y.
Futagawa, "GA Document", 40, July,
pp.8-47.
1995 M. BACHER, *Lo Stadthaus di Ulm*, in
"Domus", 768, February, pp.8-22.

Exposiciones

Exhibitions

1968 *Nueva York Five*, (a cargo de
A. Drexler), museo de Arte Moderno,
Nueva York.
1976 *Five Architects*, Cooper Union, Nueva
York (Ginebra, París, Bruselas,
Helsinki).
1977 *Architecture: Seven Architects*, Galería
Leo Castelli, Nueva York.
1982 *New American Art Museums*, Whitney
Museum of Art, Nueva York.
1984 *Richard Meier Architect*, Des Moines
Art Center, Iowa.
1988 *Richard Meier Furniture Design*, Knoll
International, Tokio.
1991 *Richard Meier: Architecture 1986-1990*,
Palazzo Reale, Nápoles.
1993 *Richard Meier/Frank Stella: Art &
Architecture*, Palazzo delle Esposizioni,
Roma.
1994 *Richard Meier Sculpture: 1992-1994*,
Galería Leo Castelli, New York.

1968 *New York Five* (curated by A. Drexler),
Museum of Modern Art, New York.
1976 *Five Architects*, Cooper Union,
New York (Geneva, Paris, Brussels,
Helsinki).
1977 *Architecture: Seven Architects*,
Leo Castelli Gallery, New York.
1982 *New American Art Museums*,
Whitney Museum of Art, New York.
1984 *Richard Meier Architect*, Des Moines
Art Center, Iowa.
1988 *Richard Meier Furniture Design*,
Knoll International, Tokyo.
1991 *Richard Meier: Architecture 1986-1990*,
Palazzo Reale, Naples.
1993 *Richard Meier/Frank Stella: Art &
Architecture*, Palazzo delle Esposizioni,
Rome.
1994 *Richard Meier Sculpture: 1992-1994*,
Leo Castelli Gallery, New York.

Relación de los fotógrafos/ List of photographers